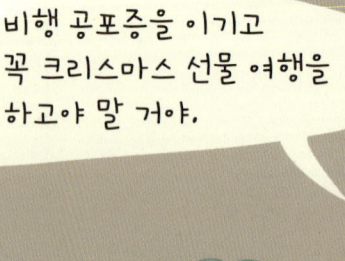

어쨌든 무조건
반드시 꼭
하늘을 날 거야

어쨌든 무조건
반드시 꼭

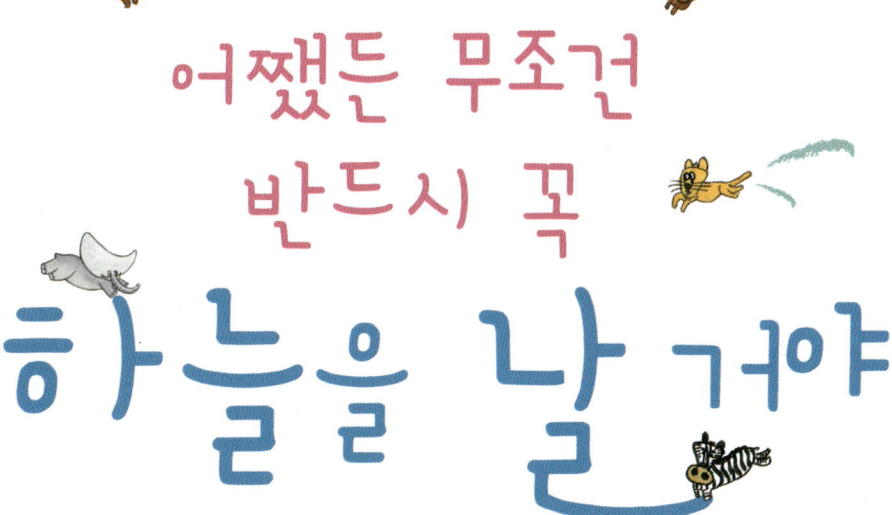
하늘을 날 거야

강이비 글 | 홍수진 그림

책속물고기

소중한 걸 지키려면 떠나야 할 때가 있다
1. 아프리카로 고고 • 10

운이 좋다는 건 기회를 잡는 것이다
2. 날마다 꿈꿔 온 일 • 22

있는 그대로, 생긴 그대로 가치가 있다
3. 바오밥나무 열매의 주인 • 38

지금 네 앞으로 난 길로 힘차게 올라서라
4. 하늘을 달리는 법 • 56

두려움을 딛고 나의 자리를 찾아라
5. 높이 날고 제자리에 내리기 • 76

성격보다 중요한 건 서로 존중하고 돕는 것이다
6. 킬리만자로산에서의 마지막 훈련 • 92

함께 가면 길이 된다
7. 썰매가 사라졌다 • 110

 이야기에 앞서

　내 이름은 루돌프다. 루돌프 주니어 3세. 노래에 나오는 그 유명한 빨간 코 루돌프는 우리 할아버지의 아버지, 곧 내 증조할아버지다.
　우리 증조할아버지는 바로 그 반짝이는 코 때문에 다른 순록들에게 놀림을 당했다. 하지만 산타가 그 코가 얼마나 귀하고 쓸모 있는지 모두에게 일깨워 주었다. 그 후 증조할아버지는 다시는 놀림을 받지 않고 오히려 일등 썰매 순록이 되었다. 빨간 코 덕분에 어두운 밤하늘을 환히 밝힐 수 있게 되었으니까. 우리 집안은 이때부터 대대로 산타 썰매를 끌었다.
　산타를 모르는 사람은 없을 거다. 크리스마스이브에 전 세계 어린이들에게 선물을 나눠 주는 할아버지다. 뚱뚱해 보이지만 무게는 가벼운 편이다. 추위를 많이 타 옷 속에 늘 보온 공기를 가득 채워 다니는 바람에 조금 부어 보이는 것뿐이다.
　그건 그렇고 산타는 무척 지혜롭고 마음도 아주 넓다.

무엇보다도 어린이들을 정말 사랑한다. 가끔 엉뚱한 일을 벌여서 주위를 놀래 줄 때도 있지만.

　한번은 크리스마스를 앞두고 머리랑 수염을 온통 분홍색으로 염색을 했다. 잠을 꾹 참고 산타를 기다린 어린이들에게 색다른 즐거움을 줘야 한다면서 말이다. 혹시 크리스마스 때 분홍 머리 산타 때문에 놀란 친구가 있다면 내가 대신 사과하고 싶다.

　이번 크리스마스엔 더 놀랄 일이 벌어질지도 모른다. 산타가 갑자기 까만 선글라스를 끼고는 다짜고짜 여행을 가자고 한다. 아직 크리스마스도 한참 남았는데 또 무슨 엉뚱한 계획을 꾸미는 걸까? 나도 잘 모르겠다. 일단 같이 가 보는 수밖에!

나, 루돌프 주니어 3세

신이 난 산타

> 소중한 걸 지키려면 떠나야 할 때가 있다

신념은 '굳게 믿는 마음'이에요.
산타는 신념을 지키기 위해
아프리카로 먼 여행을 떠나요.
산타가 지키고 싶은 신념은
어떤 것일까요?

1. 아프리카로 고고

산타가 나한테 선글라스를 낀 얼굴을 들이밀기 며칠 전 일이다.

그날 산타는 어딘가 몹시 초조해 보였다. 의자에 가만히 앉아 있지 못하고 일어섰다 앉았다, 책을 들었다 놨다, 책장에서 다른 책을 꺼냈다 도로 집어넣었다를 열 번도 넘게 했다.

"산타, 무슨 걱정이 있으세요?"

나는 산타의 눈치를 살피며 조심스레 물었다. 아직 썰매는 잘 못 끌지만 난 꽤 예의 바른 순록이다. 우리 할아버지가 마음씨 좋은 순록만이 최고의 썰매 순록이 될 수 있다고 늘 말씀하셨다.

"하! 에휴! 후!"

산타는 대답 대신 깊은 한숨만 내쉬었다. 그러고는 창가로 가 눈을 가늘게 뜨고 밖을 내다보았다. 늦은 밤이라 캄캄해서 아무것도 안 보일 텐데 눈썹을 씰룩거리며 꽤 오랫동안 찬찬히 살폈다.

"밖에 뭐가 있어요?"

나도 고개를 들어 함께 창밖을 보았다. 그제야 산타가 나를 돌아보며 빙그레 웃었다.

"에고, 내가 우리 루돌프 걱정을 다 시키네. 순록들이 오늘 집으로 온다고 했는데 아직 오지 않아서 기다리는 거야."

"썰매 순록 님들이요? 왜요?"

"중요하게 할 말이 있다는구나."

산타는 안락의자에 앉으며 찻잔을 들었다. 바로 그때 쿵쿵 문 두드리는 소리가 나더니 대장님이 들어왔다. 다른 썰매 순록들은 함께 오지 않은 것 같았다.

산타는 아주 오랜만에 반가운 친구를 만나기라도 한 것처럼 벌떡 일어나 대장님을 맞이했다. 난 그게 좀 웃기기

도 하고 이상하기도 했다. 어제도 그제도 그끄제도 둘이 만나서 한참을 얘기했으면서 뭐가 또 그리 반가운지 말이다.

"이쪽으로 오게. 밤이 늦어서 내일 오나 했지."
"아, 이야기가 좀 길어졌어요."
"그래, 어떻게 결정했나?"
"그게…… 말입니다. 큼큼."

대장님이 갑자기 목에 뭐가 걸렸는지 헛기침을 몇 번 하고는 갈라진 목소리로 말했다.

"그렇게 하기로 했어요. 죄송해요."

대장님은 잠시 머뭇거리다 산타한테 인사를 하고 돌아갔다. 문을 나서기 전에 나한테도 인사했다. 하지만 보통 때 하는 인사랑은 느낌이 달랐다. 꼭 작별 인사라도 하는 것처럼.

"루돌프, 이젠 네가 산타를 잘 도와드려야 한다. 잘 있으렴."

대장님이 훌쩍 뛰어올라 날아갔다. 나는 기분이 너무 이상해서 산타를 쳐다보았다.

"무슨 일이에요?"

산타는 어깨가 축 늘어진 채 나를 보며 힘없이 말했다.

"오늘은 너무 늦었구나. 내일 얘기하자."

하지만 산타는 다음 날도 그다음 날도 아무 말도 하지 않았다.

산타는 하루 종일 침대에 누워 있거나 잠깐 일어나 의자에 기대 있기만 했다. 밥도 너무 조금만 먹어서 사흘째 되던 날엔 얼굴이 홀쭉해졌다. 며칠 사이 다른 사람이 되

어 버린 것 같았다.

산타가 나를 불렀다.

"산타, 괜찮으세요?"

난 너무 걱정이 돼서 심장이 쿵쾅거렸다.

"루돌프, 일이 좀 급하게 됐구나. 햄포 숲에 가서 오늘 저녁에 긴급회의를 연다고 전해 다오."

"정말 괜찮아요? 얼굴이 말이 아니에요."

"난 이제 많이 괜찮아졌어. 곧 일어날 테니 부탁한다."

햄포 숲에는 평생 산타 썰매를 끌다가 은퇴한 순록 원로님들이 산다. 산타가 햄포 숲 원로님들을 만난다는 것은 무척 중요한 일이 생겼다는 뜻이다. 나는 산타 숲에서 32킬로미터 떨어진 햄포 숲으로 쏜살같이 달려가서 숨을 헐떡이며 회의 소식을 알렸다. 그리고 밤늦게 대장님이 찾아왔던 이야기도 했다.

"하. 드디어 올 것이 왔군."

한 순록 원로님이 무심코 혼잣말을 내뱉었다. 난 그 '올 것'이 뭔지 너무 궁금했지만 산타가 걱정돼 인사만 드리고 얼

른 숲으로 돌아왔다.

　해가 떨어지려고 하자 햄포 숲 원로님들이 줄지어 방으로 들어왔다. 산타는 순록들이 좋아하는 자작나무 설탕차를 한 잔씩 따라 주었다. 달콤한 향이 방 안에 가득 퍼졌다.

　"아예 다 떠난 거요?"

　가장 먼저 찻잔을 내려놓은 원로님이 물었다. 산타는 약간 침통한 얼굴로 고개만 끄덕였다. 그러자 다른 원로 순록들이 저마다 한 마디씩 했다.

　"소문이 사실인가 보오. 이제 핀란드 순록들은 더 이상 산타 썰매를 끌고 싶어 하지 않는다는군."

　"다들 투어 썰매인지 뭔지만 끈다고 난리라 하오."

　"땅만 달리면 되니 편한 데다 사람들에게 인기 좀 끈다니까 거기에 혹해서들……. 쯧!"

　"허! 그럼 이제 크리스마스 선물 여행은 역사 속으로 사라지는 건가?"

　크리스마스 선물 여행이 사라지다니 말도 안 된다. 나는 산타가 뭐라고 말할지 궁금

했다. 순록 원로님들도 약속이라도 한 듯 산타를 보며 산타의 말만 기다렸다. 마침내 산타가 굳은 표정으로 말했다.

"며칠을 고민하고 또 고민했지만 답은 하나였습니다. '크리스마스 선물 여행은 반드시 해야 한다.' 어린이들을 위한 것이기 때문에 절대 그만둘 수 없어요. 선물 여행을 계속할 방법을 찾아야 합니다."

"썰매 끌 순록이 없는데 무슨 방법이 있겠소?"

모두들 고개를 절레절레 흔들었다.

그때 회의 내내 잠자코 듣기만 하던 한 순록 원로님이 천천히 입을 열었다.

"우리가 정말 크리스마스 선물 여행을 지키고 싶다면 방법이 아예 없는 건 아니오."

원로님은 산타에게 무언가를 내밀었다.

"아, 이건……?"

"한 20년 전쯤이었나…… 선물 여행을 하다가 길을 잘못 들어서서 어느 풀밭에 내린 적이 있었잖소. 그때 우리한테 길을 알려 준 동물이 바오밥나무 열매를 선물했지요. 기억납니까?"

바오밥나무? 나는 어디서 들어 본 듯한 이름에 귀가 쫑긋했다. 루돌프 할아버지가 해 준 옛날이야기 속에서 들은 것 같았다. 하지만 잘 기억나지 않았다.

나는 궁금해서 슬쩍 고개를 내밀어 그게 어떻게 생겼는지 찬찬히 보았다. 선물로 받은 거라니 보석처럼 아주 예쁠 줄 알았더니 웬걸 말라 비틀어진 데다 시커먼 것이 꼭 개똥처럼 보였다.

"그때는 매끈했는데 세월이 지나니 이렇게 됐네. 그 친구는 잘 있는지 궁금하군. 썰매를 끌고 싶다고 했지……. 아, 바로 그거요!"

혼잣말을 하던 산타의 눈이 갑자기 초롱초롱 빛났다. 산타에게 열매를 건네준 원로님도 빙그레 미소를 지으며 고개를 끄덕였다. 하지만 다른 원로님들은 난처한 표정으로 다급하게 말했다.

"무슨 생각들을 하는 거요?"

"설마 썰매를 다른 동물에게 끌게 하려는 생각은 아니겠지?"

"전통을 무시해선 안 되오!"

뭐가 되고 안 된다는 건지 도무지 알 수 없었다. 이후로

도 회의가 길게 이어졌지만 나는 너무 졸려서 저절로 눈꺼풀이 스르륵 감겨 버렸다. 그리고 그대로 푹 자 버렸다.

시간이 얼마나 지났을까?

"루돌프, 루돌프!"

산타가 내 얼굴을 흔들자 그제야 가물가물 눈이 떠졌다.

"으하함! 산타, 회의는 끝났어요? 원로님들은요?"

"루돌프, 일어나렴. 지금 떠나야 해."

갑자기 산타가 주머니에서 까만 선글라스를 꺼내 끼고는 나한테로 얼굴을 쑥 들이밀었다. 난 깜짝 놀라 잠이 확 깼다. 웬 선글라스? 게다가 뜬금없이 어디로 떠난다는 건지 나는 어안이 벙벙했다.

"떠나요? 어디로요?"

"아프리카!"

나는 또 한 번 깜짝 놀라 이번엔 벌떡 일어났다. 아프리카라면 썰매 순록들한테 핀란드와는 정반대로 아주아주 더운 나라라고 들은 적이 있다. 그리고 무서운 동물들이 많이 산다고도 했다.

"네에? 거긴 왜요? 또 무슨 엉뚱한 일을 계획하신 거예요?"

놀라는 나를 아랑곳하지 않고 산타의 입꼬리가 슬쩍 올라갔다.

"소중한 걸 지키려면 떠나야 할 때가 있단다."

산타가 알쏭달쏭하게 대답했다. 그러고는 다시 빙그레 웃었다.

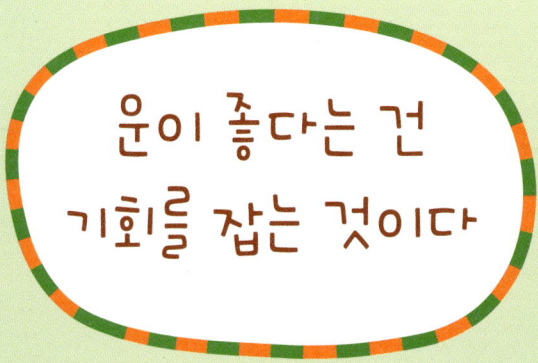

운이 좋다는 건 기회를 잡는 것이다

꿈은 '이루고 싶은 희망'이에요.

어느 날 하이요는 날고 싶다는 꿈을 갖게 되었어요.

그렇게 꿈을 키우던 하이요에게 좋은 기회가 왔어요!

2. 날마다 꿈꿔 온 일

아침 일찍 길을 나선 산타와 나는 한밤중이 되어서야 아프리카에 도착했다. 순록 원로님들이 핀란드에서 아프리카까지 직접 썰매를 끌어 우릴 데려다주었다. 원로님들은 너무 오랜만에 썰매를 끌어서 그랬는지 조금, 아주 조금 갈팡질팡했다.

"아이고, 이쪽이 아닌가?"

"허허, 10년 만에 하늘을 달리는 거니 방향을 헷갈리는 게 당연하지."

"그래도 기분은 아주 좋아요."

나도 썰매를 타고 있는 동안 기분이 정말 좋았다. 사실

난 아직 선물 여행을 해 본 적이 없는 연습생 순록이다. 땅 위는 쌩쌩 잘 달리는데 하늘을 달릴 땐 조금 겁이 난다. 그래서 창피하지만 멀리 날지는 못한다.

게다가 산타가 가리키는 곳에 정확히 내려야 하는데 나는 아직 그것도 잘하지 못한다. 자꾸 다섯 걸음이나 더 앞에 발을 디디게 된다. 이것만 잘하면 당장이라도 산타 썰매를 끌 수 있을 텐데 말이다.

"바로 여기인 것 같아요. 20년 전에 저 나무 뒤에서 그 친구가 나타났지."

바오밥나무 열매를 간직해 온 원로님이 우리를 내려 주고는 초원 한가운데 우뚝 솟은 나무를 가리켰다.

달빛이 환하게 주위를 밝혀 주고 있어서 커다란 나무가 눈에 쏙 들어왔다.

"모두들 고맙소. 조심히 돌아가시오."

"이왕 이렇게 된 거 꼭 새 동료를 구하길 바라오."

"잘될 거요. 그리고 루돌프, 네가 산타를 잘 도와드려야 한다."

"네, 데려다주셔서 고맙습니다."

우리는 서로 인사를 나누고 헤어졌다. 산타는 원로님들이 달빛 너머 어둠 속으로 사라질 때까지 가만히 서서 하늘을 올려다보았다.

이윽고 산타는 나한테 고개를 돌려 기운 넘치는 목소리

로 말했다.

"루돌프, 오늘은 밤이 늦었으니 저 나무 아래서 자고 내일부터 우리 일을 시작하자꾸나. 빨리 바오밥나무 열매 주인을 찾아야지!"

그렇다. 우리가 아프리카에 온 까닭은 그만둔 썰매 순록들 대신 산타 썰매를 끌 동물들을 찾기 위해서다. 순록들만이 산타 썰매를 끈다는 전통보다는 크리스마스 선물 여행을 지키는 일이 더 중요했기 때문에 이 먼 곳까지 온 것이다.

산타는 원로님들이 두고 간 썰매를 나무 쪽으로 끌기 시작했다. 난 얼른 썰매 뒤로 가 힘껏 밀었다. 우리는 낑낑대며 겨우 나무 아래 썰매를 댄 뒤 그 옆에서 아프리카의 첫 밤을 보냈다.

그날 밤 난 아주 신기한 꿈을 꾸었다. 꿈속에서 이상하게 생긴 동물들과 썰매를 끌었다. 아주 쌩쌩 신나게 말이다. 한 번도 본 적 없는 동물들이었는데 아주 친한 느낌이 들었다.

그런데 더 신기한 일이 벌어졌다! 글쎄, 눈을 떠 보니 그중 한 동물이 내 눈앞에 있는 거다. 꿈속에서처럼 까만 눈을 끔벅거리면서 말이다.

"으악!"

난 너무 믿을 수가 없어서 그만 소리를 지르고 말았다.

"허허, 루돌프. 이제 일어났니? 인사하렴. 이분은 얼룩말 덜룩 씨란다."

"사슴인 줄 알았는데 아닌 것 같네. 소도 아니고…… 코가 아주 개성 있게 생겼군! 아프리카에선 전혀 본 적 없는 코야. 역시 세상은 넓고 동물은 많아. 방랑자가 여행을 할 가치가 있지."

얼룩 씨인지 덜룩 씨인지가 고개를 갸웃하며 계속해서 나를 찬찬히 뜯어보았다.

누구한테 하는 말인지 알 수 없는 말을 계속 중얼거리기도 했다.

나도 눈에 힘을 주고 얼굴이며 몸을 조심스레 살폈다. 하지만 곧 그만두었다. 까맣고 하얀 줄무늬들 때문에 머리가 핑핑 돌았기 때문이다.

"하하! 내 줄무늬 때문에 머리가 어지러운 모양이군. 인사하지. 난 초원의 방랑자, 검은 줄무늬 덜룩이라고 해. 그냥 편하게 덜룩 씨라고 부르렴."

"아, 안녕하세요? 방금 전 꿈에서…… 아니, 나는 루돌프예요. 순록이고요."

나는 하마터면 꿈 이야기를 할 뻔했다. 하지만 처음 보는 분한테 이런 개인적인 이야기를 하는 건 예의에 어긋난 것 같아서 말하지 않았다.

덜룩 씨는 아침 일찍 다음 여행지로 떠나려던 중 바오밥나무 아래서 산타랑 내가 서로 기대 자는 걸 발견해 찾아왔다고 한다. 우리를 만나야 한다는 직감이 들었다는 것이다. 그때 마침 산타가 막 눈을 떠서 둘이 내가 일어나기 전까지 이런저런 얘기를 나누고 있었던 거다.

"루돌프, 우리가 운이 아주 좋구나. 덜룩 씨가 우리가 찾는 동물을 알고 있는 것 같다. 정말 다행이지? 그래, 좀

더 얘기해 줘요."

산타가 다시 덜룩 씨 쪽으로 고개를 돌렸다. 아주 기대에 찬 눈빛이었다. 나도 아직 머리가 어질어질했지만 귀를 쫑긋 세우고 얼른 옆에 앉았다.

"그러니까 일주일 전쯤 그 친구를 만났어요. 나 같은 방랑자는 누구랑도 금세 친구가 되지요."

덜룩 씨가 만난 그 친구는 하이에나라고 했다. 이름은 하이요. 사실 얼룩말이랑 하이에나는 친구가 될 수 없는데 그 하이에나는 좀 달랐다고 한다.

"하이에나들은 가족끼리 아주 끈끈하지요. 항상 무리 지어 다니면서 뭐든 함께 해요. 어린 하이에나들은 부모 말이라면 무조건 순종하고요. 무엇보다 하이에나는 얼룩말을 사냥하지요. 그런데 그 친구는 다르더군요. 나를 보고도 달려들지 않았어요. 대신 어쩌다 그렇게 되었는지 나한테 다 털어놓았어요."

"그러니까 그게 나와 내 동료들과 관련이 있다는 거요?"

"내 말이 그 말이에요. 저기 있는 저거!"

덜룩 씨는 우리 뒤에 있는 썰매를 가리켰다.

"하이요가 언젠가 저 썰매가 밤하늘을 가르며 지나가는 걸 보았대요. 처음엔 무슨 독수리 떼인 줄 알았는데 가만 보니 네발 달린 동물들이 하늘을 날며 썰매를 끌더라지 뭐예요. 그날 이후로 이상하게 하늘만 보면 심장이 두근두근 뛰었다네요. 자기도 그 동물들처럼 날고 싶다는 생각이 더 자주 나고 더 간절해진 거죠. 저는 그 마음을 다 이해해요. 방랑자는 원래 마음이 넓죠. 그런데 그 부모들은……."

덜룩 씨 말로는 하이요 부모님들은 그런 하이요를 못마땅하게 여기며 심지어 야단을 쳤다고 한다. 헛되고 터무니없는 생각이라면서 말이다.

난 그게 왜 터무니없는 생각인지 도무지 이해가 안 갔지만 아프리카 동물들이 어떻게 사는지 모르니까 끼어들지는 않았다.

"혹시 우리를 직접 만났다는 말은 안 하던가요?"

"하, 그게 기억이 잘 안 나요. 하늘을 나는 동물을 보았다고 했는데, 그게 만났다는 말인가? 직접 보았으니 만난 거나 마찬가지 같기도 하고……."

덜룩 씨는 또 혼자 중얼거렸다.

"안 되겠소. 직접 만나 봐야겠어요. 우릴 안내해 줄 수 있습니까?"

덜룩 씨는 흔쾌히 그러겠다고 했다. 방랑자는 원래 상황에 따라 얼마든지 목적지를 바꿀 수도 있다고 한다. 할아버지는 썰매 순록이 되려면 목적지를 정확히 알아야 한다고 했는데 방랑자는 우리랑은 많이 다른 것 같다.

산타랑 나는 썰매를 나무에 단단히 매어 두고 덜룩 씨를 뒤따랐다.

덜룩 씨와 우리는 덤불이 있는 데로만 다녔다. 까딱 잘못해서 사자, 치타 같은 사나운 맹수들한테 걸리면 아프리카에 온 일이 순식간에 헛수고가 되기 때문이란다. 나는 썰매 순록들한테 들은 맹수들 이야기가 떠올라 순간 몸이 부르르 떨렸다.

하이요 가족이 사는 곳은 생각보다 멀었다. 하지만 다행히 해가 머리 꼭대기에 오기 전에 도착했다. 게다가 그곳엔 물이 있었다.

난 후다닥 냇가로 달려가 목을 축이려고 했다. 그런데 갑자기 덜룩 씨가 덤불 속으로 나랑 산타를 잡아끌었다. 그러고는 소리를 내지 않고 입 모양만으로 '하이요', '엄마'라고 했다.

잠시 후 처음 보는 동물 둘이 냇가 앞으로 나왔다.

난 눈을 동그랗게 뜨고 하이요가 어떻게 생겼는지 살폈다. 분명 키가 작은 쪽일 텐데, 어쨌든 둘 다 얼룩덜룩 검은 점에 귀가 넓적했다.

그런데 이상하게 전에 만난 적이 있는 것 같은 느낌이었다. 하지만 절대 그럴 리가 없다. 난 태어나서 어제 아침까지 산타 숲을 떠난 적이 없으니까.

하이요는 덜룩 씨 말대로 엄마랑 사이가 안 좋은 것 같았다.

"왜 이렇게 엄마 말을 안 듣니?"

"엄마야말로 왜 제 말을 안 들어 줘요? 난 이제 사냥 따윈 관심 없다고요!"

"그럼 뭘 하겠다는 거야? 정말 하늘이라도 날겠다는 거야? 하이에나가 어떻게 하늘을 나니? 설령 날 수 있다 하더라도 당장 독수리에게 잡히고 말 거야. 하이요, 제발 정신 좀 차려!"

"왜 난 안 돼요?"

"몰라서 묻니? 네발 달린 동물들은 못 나는 거야. 그렇게 태어났어. 그냥 생긴 대로 살아야 해."

"치, 그럼 난 태어날 때부터 운이 없었네요! 날개가 아닌 다리 따위를 두 개나 더 달고 나오다니!"

"뭐야? 엄마 앞에서 못 하는 소리가 없어!"

그때 덩치가 큰 또 다른 하이에나가 슥 나타났다. 그러더니 하이요를 매섭게 노려보며 굵은 목소리로 말했다.

"하이요! 넌 오늘부터 우리 가족이 아니야. 당장 떠나! 가족으로 살려면 가족의 법을 지켜야지! 여보, 당신도 그만 애쓰고 갑시다."

그러자 하이요 엄마가 눈물을 글썽이며 잠시 하이요를 바라보다 아빠를 따라서 갔다.

하이요는 이제 진짜 혼자가 되었다. 하이요는 냇가에 주저앉아 엉엉 울기 시작했다.

"이제 우리가 나갈 차례군."

덜룩 씨가 아주 작은 목소리로 말했다. 그러고는 조심스레 덤불을 헤치고 나가 하이요 옆에 다정하게 섰다. 자연스레 뜨거운 태양을 가려 하이요 위로 덜룩 씨의 그림자가 어렸다.

하이요가 눈물범벅이 된 얼굴로 고개를 들었다.

"하이요, 또 만났구나."

"어, 덜룩 씨!"

그때 나랑 산타도 덤불 밖으로 나갔다. 그러자 하이요가 뭐 때문에 겁이 났는지 두려운 눈빛으로 우릴 보았다. 산타가 동물들을 마구 잡는 나쁜 사람인 줄 알았던 거다.

"아, 인간이 여기 어떻게?"

"하하! 하이요, 걱정 마. 이분은 산타셔. 너에게 행운을 가져다주실 분이지!"

덜룩 씨가 산타를 소개하자 산타가 하이요에게 좀 더 가까이 다가가 물었다.

"혹시 날 본 적이 있습니까?"

"……."

하이요는 어리둥절하여 덜룩 씨와 산타를 번갈아 보았다. 그러자 산타가 이번엔 말라비틀어진 바오밥나무 열매를 보여 주었다.

"혹시 이 열매는 압니까?"

"바오밥나무 열매네요."

그제야 하이요가 조금 경계를 풀며 말했다.

"맞아요. 20년 전쯤 이걸 나에게 준 기억이 있지 않습니까?"

"20년이요? 난 이제 겨우 아홉 살인걸요."

"아, 아홉 살? 그렇구나. 우리가 찾던 동물이 아니야."

그러자 덜룩 씨가 하이요 귀에 대고 어쩌고저쩌고 말했다. 하도 크게 얘기해서 무슨 말인지 다 들렸다.

"정말요? 정말 그 썰매 주인이에요? 내가 본 바로 그 썰매?"

하이요가 커다란 눈을 번쩍 뜨고 산타를 보았다. 산타는 빙그레 미소를 지으며 고개를 끄덕였다.

"오, 산타님! 내 소원을 들으신 거죠? 날마다 하늘을 보며 기도했어요. 하늘을 날게 해 달라고. 산타님, 나한테 나는 법을 가르쳐 줘요, 제발."

나는 산타가 뭐라고 대답할지 조마조마했다. 바오밥나

무 열매의 주인이 아니기 때문에 안 된다고 말할까 봐 말이다. 그래서 얼른 내 생각을 말했다. 난 펑펑 우는 동물의 소원은 들어줘야 한다고 생각한다.

"산타, 하이요에게 기회를 주세요."

산타가 잠시 생각하더니 미소를 지었다.

"흠, 루돌프가 첫 번째 동물을 구했구나. 하지만 하이요, 이걸 명심해. 크리스마스 썰매를 끌기 위해 나는 거란다."

"뭐든 좋아요! 나는 법을 배울 수만 있다면 무엇이든 끌게요."

하이요가 앞다리 하나를 척 들어 올렸다.

"하이요, 넌 아주 운이 좋은 녀석이야. 운이 좋다는 건 기회를 잡는다는 거거든!"

덜룩 씨가 진심으로 하이요를 응원했다.

나는 산타도 나도 운이 좋다고 생각했다. 순록만 산타 썰매를 끈다는 전통을 포기했지만 대신 크리스마스 선물 여행을 지킬 수 있는 기회를 잡았으니까 말이다.

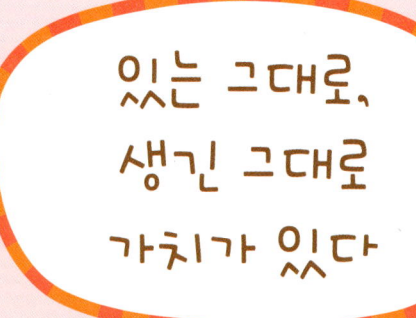

있는 그대로, 생긴 그대로 가치가 있다

자존감은 '나를 소중하게 여기는 마음'이에요.
사자들은 갈기가 없는 민둥갈기를
겁쟁이라며 깔보고 놀렸어요.
하지만 민둥갈기는 스스로를
소중히 여길 줄 알아요.

3. 바오밥나무 열매의 주인

우리는 썰매가 있는 곳으로 바로 돌아가지 않고 주변을 더 둘러보기로 했다.

"해가 지기 전에 또 다른 동물들을 찾아보자꾸나. 함께 썰매를 끌 동물이 또 있을 거야."

산타는 하이요가 바오밥나무 열매의 주인이 아니라는 사실이 여전히 아쉬운 모양이었다. 그래서 덜룩 씨한테 여러 동물을 한꺼번에 볼 수 있는 곳으로 안내해 달라고 했다.

"이쪽으로 가면 커다란 바위가 나오는데 그 너머 아주 넓은 초원이 펼쳐져 있어요. 거기가 바로 인간들이 말하는 야생 동물의 천국이죠."

덜룩 씨는 서쪽으로 발길을 돌리며 우리에게 따라오라고 했다.

얼마쯤 갔을까? 갑자기 덜룩 씨가 제자리에 멈춰 서서 앞을 뚫어져라 쳐다보며 고개를 갸웃했다.

"허, 이상하네. 저기에 저렇게 큰 바위가 있었나?"

나는 뭐가 보이나 하고 얼른 덜룩 씨 옆으로 가 눈을 크게 떴다. 하지만 바위는커녕 허허벌판만 보일 뿐이었다.

"덜룩 씨, 바위가 어디 있다고 그래요?"

"아하, 루돌프! 얼룩말은 눈이 정말 좋단다. 그러고 보니 나도 뭐가 어슴푸레 보이는 것 같구나."

산타가 손가락으로 덜룩 씨가 쳐다보는 앞쪽을 가리켰다. 그때였다. 갑자기 땅이 쿵 하고 울렸다.

"으악! 지진이다!"

하이요가 앞다리를 들어 머리를 감싸며 몸을 납작 엎드렸다. 덩달아 나도 겁이 나 주저앉았다.

"하하, 이 녀석들! 겁이 많구나! 산타, 방금 보셨지요? 위로 불쑥 솟아 있던 바위가 하늘 위로 날아올랐어요. 우리 빨리 가 봐요."

덜룩 씨가 산타를 등에 태우고 달리기 시작했다. 하이요와 나도 얼른 일어나 뒤쫓았다.

바위를 향해 달리는 동안에도 여러 번 땅이 쿵쿵 하고 울렸다. 하지만 바위에 다가갈수록 지진이 아니라는 건 확실히 알 수 있었다.

"헉, 코끼리잖아! 저 넓은 등짝은 코끼리가 분명해! 방랑 생활 10년 동안 이런 장면은 처음이야! 도대체 어떻게 하늘을 나는 코끼리가 있을 수 있지?"

덜룩 씨는 일찌감치 산타를 내려 주고 입을 쩍 벌린 채 하늘을

올려다보았다. 우
리도 헉헉대며 덜룩 씨 옆에
멈춰 서서 그 커다란 동물의 비행을 보았다.

"엄마 말이 완전히 틀렸어. 아프리카에도 하늘을 나는 네발 달린 동물이 있잖아! 게다가 그게 코끼리라니! 도대체 어떻게 나는 거야?"

하이요가 투덜대다 감탄하며 말했다.

코끼리는 내려오는 듯하더니 쿵 소리와 함께 땅으로 착지했다.

산타가 천천히 그 코끼리라는 동물에게 다가갔다.

"잠깐 이야기 좀 나눌 수 있소?"

코끼리는 비행 자세를 풀고 뒤로 돌았다. 그런데 세상에나! 내가 태어나서 한 번도 본 적 없는 생김새였다. 꼬리가 두 눈 아래 달리고, 날개는 머리 양

쪽에 붙어 있었다. 어떻게 네발 달린 동물에게 날개가 있지?

"누, 누구세요?"

코끼리도 하이요가 그랬던 것처럼 산타를 보자 뒷걸음질 쳤다. 산타는 다급하게 말했다.

"겁내지 마시오. 나는 어린이들에게 선물을 가져다주는 산타라오. 전 세계 모든 어린이들을 만나지요."

산타는 아프리카까지 오게 된 사정도 말했다.

이야기를 다 들은 코끼리는 경계를 풀며 오히려 아주 기뻐했다.

코끼리가 간절한 눈빛으로 산타에게 말했다.

"그런 일이 있다니! 산타, 저도 그 일을 하고 싶어요. 저는 인간 어른들은 싫어하지만 어린이들은 아주 좋아해요. 어린이들은 정말 착하거든요. 전 세계 어린이들을 즐겁게 해 주는 그 일, 저도 하게 해 주세요."

"흠, 어린이들을 만난 적이 있니?"

산타가 의아해하며 물었다.

나도 그게 참 궁금했다. 여기 아프리카 초원에서 어떻게 사람 어린이를 만나지?

"아, 전에 영국에 살았을 때 많이 만났죠."

코끼리는 더 이상 말을 하지 않았다.

산타가 이번에도 잠시 고민하더니 빙그레 미소를 지었다.

"큰 덩치로 나는 게 쉽지는 않을 텐데, 그래도 함께하겠니?"

코끼리가 얼굴에 달린 꼬리를 흔들며 기뻐했다.

다 함께 썰매가 있는 곳으로 돌아가는 길에 덜룩 씨와 하이요가 물었다.

"아까 어떻게 난 거야?"

"귀를 날개처럼 이용하면 돼. 그러려면 훈련이 필요하지. 귀 근육을 발달시켜야 하거든. 오늘처럼 날기까지 연습을 엄청 많이 했어."

"어? 그게 날개가 아니야?"

나는 깜짝 놀랐다.

"하하, 보다시피 난 너처럼 네발 달린 동물이야. 설마 이 코도 꼬리라고 생각하는 건 아니겠지?"

난 얼굴이 빨개졌다. 세상에 저게 코라니!

코끼리가 빙긋 웃더니 귀를 두어 번 팔랑거렸다. 그러자 정말 붕 떠올랐다. 하지만 곧 쿵 하고 내려왔다.

"그런데 아직 높이 날지는 못해. 멀리 가는 것도 안 되고 멀리 날아야 하는데……."

희한하게 코끼리도 보면 볼수록 하이요처럼 오래전에 만난 적이 있던 사이처럼 느껴졌다. 절대 그럴 리가 없는데 말이다.

다음 날 눈을 뜨자마자 하이요가 산타에게 물었다.

"산타, 우리 언제부터 날기 연습해요? 빨리 배우고 싶단 말이에요!"

"하이요, 마음이 급하면 날 수 없단다. 먼저 마음을 편하게 가져야 해. 마음이 부드러워야 구름처럼 둥실 떠오르는 거야."

하이요가 입을 비죽 내밀었다. 그러자 산타가 또 한 가지 조건을 알려 주었다.

"그리고 선물이 가득 든 썰매를 끌려면 여섯 동물이 있어야 해. 지금 너랑 루돌프, 코끼리밖에 없으니까 셋은 더 구해야지. 새로운 동료를 모두 찾은 다음 그때 다 함께 연습을 시작할 거야."

하지만 하이요는 더욱 서둘렀다.

"그럼 당장 셋을 구하러 가요! 난 어디에 가면 만날 수 있는지 알아요. 루돌프랑 아주 비슷하게 생긴 동물을 알고 있거든요. 그럼 산타의 썰매 순록들처럼 아주 잘 날 거예요."

"루돌프랑 닮았다고? 아, 워터벅을 말하는 거지? 내가 왜 그 생각을 못 했지? 어쩌면 워터벅이 바오밥나무 열매 주인일지도 몰라요. 바오밥나무 근처에서 워터벅들을 본 적이 있어요."

딜룩 씨가 흥분하며 말했다. 딜룩 씨는 우리 일을 마치 자기 일처럼 생각하는 것 같았다.

"우릴 그쪽으로 안내해 줄 수 있어요?"

딜룩 씨가 흔쾌히 고개를 끄덕이며 앞장섰다. 딜룩 씨가 고개를 끄덕일 때마다 등에 있는 줄무늬들이 물결처럼 일렁거렸다.

나는 바오밥나무 열매 주인을 만날지도 모른다는 생각에 심장이 두근두근 뛰었다. 그래서 그랬는지 아직 점심때도 안 됐는데 금세 지쳐 버렸다. 뜨거운 태양빛에 목이 타기도 했다.

"덜룩 씨, 저 목이 너무 말라요. 물 좀 마시고 가면 안 돼요?"

"루돌프, 조금만 참아. 다 왔어. 거기 가면 워터벅도 만날 수 있고 물도 마실 수 있어."

덜룩 씨의 말은 일단 절반은 사실이었다. 조금 더 가니 지난번 하이요를 만났던 냇가보다 좀 더 크고 긴 강이 나왔다. 나는 허겁지겁 물을 마셨다. 코끼리도 기다란 코로 물을 빨아들여 입속으로 넣었다.

"으악!"

그때 강 아래쪽에서 비명 소리가 들렸다. 우리는 후다닥 소리가 나는 쪽으로 달려갔다.

"얘들아, 물러서!"

우리가 막 그곳에 도착하자 산타가 팔을 뻗어 우리를 막았다.

"헉, 사자가 워터벅을 물고 있어."

하이요가 아주 작은 목소리로 내 귀에다 대고 소곤댔다. 하이요 덕분에 난 누가 사자이고 누가 워터벅인지 한눈에 알아봤다. 워터벅은 정말 생김새가 나랑 비슷했다. 아, 그제야 난 할아버지가 들려줬던 바오밥나무 열매 이야기가 또렷이 떠올랐다.

"루돌프, 오래전 아프리카 어느 초원에 내린 적이 있단다. 그때 우리 집안 순록들과 아주 닮은 동물을 만났어. 그 동물은 생김새 때문에 놀림을 받았지. 우리가 크리스마스 선물 여행 중이라고 하니까 자기도 꼭 썰매를 끌고 싶다고 했어. 그래서 산타에게 데리고 가 달라고 간곡히 부탁했지. 하지만 순록만 산타 썰매를 끈다는 전통 때문에 부탁을 들어줄 수 없었어. 우리는 너무 마음이 아팠단다. 대신……."

대신 전통이 바뀌면 아프리카에 꼭 데리러 온다고 약속했다고 한다. 그 동물은 약속을 잊지 말라는 뜻에서 바오밥나무 열매를 주었다고 했다.

드디어 그 약속을 지키게 된 거다!

난 하늘에 계신 할아버지를 떠올리며 산타의 쭉 뻗은

팔을 폴짝 뛰어넘었다. 그러고는 아주 큰 소리로 사자에게 외치며 곧바로 돌진했다.

"당장 워터벅을 놔줘!"

그다음 일은 생각이 안 난다. 난 정신을 잃었고 잠시 후 눈을 떠 보니 모두가 걱정하는 얼굴로 날 보고 있었다.

"산타, 워터벅은요? 무사해요?"

"루돌프, 괜찮니? 아주 용감한 일을 했어. 그런데……."

산타가 빙그레 웃으며 뒤로 물러섰다. 그러자 세상에나 방금 전까지 워터벅의 목덜미를 물고 있던 사자가 날 보며 눈을 흘기고 있었다.

"세상에! 내가 사자라는 이유로 그 커다란 뿔로 날 친 거야? 내가 안 피했으면 어쩔 뻔했어?"

그 사자가 서운한 목소리로 말했다.

어떻게 된 일인지 도무지 이해가 안 됐다. 어째서 사자와 워터벅이 나란히 서 있게 된 거냔 말이다.

"루돌프, 인사하렴. 우리한테 바오밥나무 열매를 준 동물이란다."

"안녕? 난 민둥갈기야. 바오밥나무 열매의 진짜 주인은 우리 할아버지야."

뭐야? 워터벅이 아니라 사자가 바로 그 동물이라고? 난 믿을 수가 없었다. 할아버지가 분명 우리랑 아주 닮았다고 했기 때문이다. 그럼 워터벅 쪽인데…… 나는

산타에게 이 사실을 당장 알려야겠다고 생각했다. 사자가 혹시 거짓말을 하고 있으면 우리 모두 위험해지니까 말이다. 하지만 그럴 필요가 없었다. 곧 모든 진실이 드러났기 때문이다.

　내가 몸을 털고 일어나려는 순간 강 건너편에 민둥갈기랑 정말 비슷하게 생긴 동물들이 나타났다. 모두 셋이었다. 몸집이 아주 크고 눈빛이 날카로웠다. 나는 본능적으로 알았다. 사자라는 동물이 이 아프리카에서 가장 강한 무리라는 것을 말이다.

　"민둥갈기! 사냥을 하랬더니 약해 빠진 녀석들과 노닥거리고 있는 거냐?"

　"내가 뭐랬어? 저 녀석은 사자가 아니야! 몸집 큰 고양이일 뿐이지!"

　"맞아! 제 할아버지랑 똑같아! 사자 명예를 더럽히는 녀석 같으니라고!"

　무리가 민둥갈기를 향해 비웃으며 소리쳤다.

　"뭐라고? 할아버지를 모욕하지 마!"

　민둥갈기가 눈빛을 이글거리며 무리를 노려보았다.

　"너희들이야말로 진짜 겁쟁이지. 그건 여기 있는 동물

들도 다 알아. 그렇지?"

워터벅이 우리를 둘러보며 동의를 구했다.

"당연하지! 저 녀석들이 겁쟁이인 건 하늘이 알고 땅이 알고 무엇보다 이 물이 아는 사실이지."

덜룩 씨가 몸은 덜덜 떨면서도 목소리만은 카랑카랑하게 말했다.

나는 조마조마해서 심장이 터져 버릴 것 같았다. 자꾸

이렇게 저 사자들에게 대꾸를 하다가 다 잡아먹힐까 봐 말이다.

"걱정 마. 사자들은 물을 무서워해. 날거나 빙 돌아서 오지 않는 한 절대로 우리한테 건너오지 못해. 물을 싫어할 뿐이라고 말할 테지만."

하이요가 다가와 소곤소곤 말해 주었다. 그제야 심장이 조금 진정되었다.

"그만 돌아가! 이젠 너희들한테 잘 보이려고 친구를 무는 연기 따위 하지 않을 거야! 돌아갈 이유는 더욱 없고!"

민둥갈기가 으르렁대며 냉정하게 말했다.

"쳇, 꼴에 자존심은 있어 가지고! 그만 가자!"

무리가 덤불 뒤로 사라지자 산타가 조용히 민둥갈기에게 다가가 말없이 안아 주었다.

"미안하구나. 내가 너무 늦게 온 건 아닌지 모르겠다. 넌 지금 모습 그대로 아주 멋있어. 산타 썰매를 끄는 일에 네가 꼭 필요하단다. 우리와 함께하겠니?"

"흑흑, 할아버지 말씀이 맞았어요. 당장 만날 것처럼 준비하며 기다리면 그냥 불쑥 산타가 올 거라고 했어요. 할아버지한테 안 오면 나한테, 나한테 안 오면 그다음 우리

같은 사자한테 올 거라고. 엉엉."

민둥갈기가 점점 더 흐느껴 울었다.

"민둥갈기, 이제 멋있게 날기만 하면 돼. 그럼 아무도 널 깔보지 못할 거야. 갈기 따위 없으면 어때? 넌 내가 만난 사자 중 최고야!"

워터벅도 덩달아 울먹거렸다.

"갈기가 없다고 꽤 놀림을 받은 모양이군. 코끼리들 중에도 종종 상아 없는 코끼리가 태어나는데 오랫동안 놀림을 받지. 생김새로 놀리는 건 너무 유치해."

코끼리가 씁쓸해하며 말했다.

코가 빨개서 놀림을 받았던 우리 루돌프 집안과 갈기가 없어서 놀림을 받은 사자. 그제야 할아버지가 왜 우리랑 닮은 동물이라고 했는지 알 것 같았다.

"산타, 이제 하나 남은 거죠?"

하이요가 들뜬 목소리로 물었다. 워터벅도 함께 산타 썰매를 끌고 싶다고 했으니까 하나 남은 게 맞다. 산타는 고개를 끄덕였다.

"그래, 하나 남았구나!"

> 지금 네 앞으로
> 난 길로 힘차게
> 올라서라

극복은 '나쁜 조건을 이겨 내는' 거예요.
양양은 귀를 다친 뒤로
몸에 균형 잡는 게 힘들었어요.
그래도 포기하지 않고
열심히 연습해서 멋지게 날 거예요.

4. 하늘을 달리는 법

썰매를 끌 나머지 한 동물은 누구일까? 사실 그 동물은 진작부터 우리 중에 있었다. 그래서 아무 힘도 들이지 않고 후딱 구할 수 있었다.

"어어, 너희들 그 눈빛은 뭐니? 나 덜룩 씨는 방랑자라고. 방랑자 몰라? 방랑자는 자유로운 영혼이야. 얼룩말 떼든 산타 썰매든 방랑자는 어느 무리에도 속하지 않아."

마지막 썰매 동물은 바로 지금까지 우리랑 쭉 함께한 덜룩 씨!

"덜룩 씨, 제가 장담하는데 최고의 경험이 될 거예요. 방랑 생활 10년, 아니 앞으로 20년 동안에도 절대 할 수 없는 경험이에요."

"맞아요! 게다가 나는 건 정말 보기만 해도 자유로운 거잖아요."

나랑 하이요는 간절한 눈빛으로 덜룩 씨를 보았다. 결국 덜룩 씨는 우리에게 항복했다는 듯이 귀를 축 내려뜨리고는 엷은 미소를 지었다.

"에휴, 못 말리겠다."

"허허, 아주 좋은 조합이야. 이렇게 다른 종의 동물들과 함께 썰매를 끌 거라고는 상상도 못 했어. 정말 보기 좋아. 허허허!"

산타가 오랜만에 배를 내밀고 호탕하게 웃었다. 정말 기분이 좋은 것 같았다.

"오늘 하루는 너무 길었다. 모두들 푹 쉬고 내일부터 날아 보자꾸나."

"네!"

그날 밤 우리는 완전히 곯아떨어졌다. 여기저기서 드르렁드르렁 코 고는 소리, 뽀드득뽀드득 이 가는 소리가 들렸다. 하지만 하나도 귀에 거슬리지 않았다. 초원이 연주하는 음악처럼 아주 자연스러웠다.

다음 날 아침 앞으로 산타의 썰매를 끌 나, 하이요, 코끼리, 민둥갈기, 워터벅, 그리고 딜룩 씨 이렇게 여섯이 초원에 모였다. 먼저 우리는 모두 돌아가면서 간단히 자기소개를 했다. 이때에야 난 과묵한 코끼리와 수줍은 워터벅의 이름을 알게 되었다.

"난 코끼리 덤보라고 해. 좋은 일에 함께할 수 있어서 기뻐. 앞으로 잘 부탁해."

"안녕? 난 워터벅 양양. 수영은 잘하는데 나는 건 어떨지 모르겠어. 친구 따라 왔지만 열심히 할게. 나도 잘 부탁해."

모두 소개를 마치자 산타가 다시 진지한 얼굴로 우리를 마주했다.

"나도 정식으로 인사를 하마. 나는 산타란다. 전 세계

어린이들에게 크리스마스 선물을 나눠 주는 일을 하고 있지. 그동안 함께했던 순록들이 모두 새로운 일을 찾아 떠나는 바람에 나도 새로 함께 일할 동물들을 구하러 아프리카에 오게 되었단다. 처음에는 막막하기도 했지만 새 동료를 하나씩 만나면서 내가 오히려 새 기회를 만난 기분도 든단다. 너희들과 함께하게 되어 정말 기쁘다."

산타의 힘찬 목소리가 드넓은 초원으로 널리 널리 퍼져 나갔다.

"자, 이제 본격적으로 훈련을 시작해 볼까?"

"네!"

모두들 한목소리로 대답하고는 더욱더 귀를 쫑긋 세

우며 산타의 말을 들었다.

"하늘을 나는 법은 두 가지란다. 날개를 퍼덕이며 나는 법과 공중에 난 길을 달리며 나는 법이지. 첫 번째 방법은 보통 새들이 나는 법이야. 덤보가 날았던 방법도 새들이 나는 법이었지. 우린 두 번째 방법으로 날 거야. 땅을 달리는 게 아니라 이제부턴 하늘을 달린다고 생각하렴. 루돌프, 네가 날 줄 아니까 앞으로 나와 시범 좀 보여 줄래?"

"네."

나는 한 발 앞으로 나가 크게 숨을 들이마시고 정신을 한데 모았다. 그리고 한 걸음씩 발을 내딛어 하늘을 달리기 시작했다.

"우아, 진짜 난다, 날아!"

하이요가 흥분하며 소리를 질렀다.

"모두들 잘 보렴. 지금 루돌프는 땅 위에서처럼 하늘을 달리는 거란다. 다리를 퍼덕이는 게 아니라 그냥 달리고 있지?"

산타가 아래서 친절하게 설명하는 소리가 들렸다.

오랜만에 하늘을 날아서 그런지 기분이 참 좋았다. 조금만 더 연습하면 이번에야말로 높이 날 수 있을 것 같았다.

"루돌프, 그만 내려오렴."

산타의 목소리가 다시 들렸다. 난 땅으로 방향을 바꿔 산타가 가리키는 곳을 확인했다. 그리고 사뿐 내려앉았다.

하지만 언제나처럼 내려야 할 곳보다 다섯 걸음 앞에 내렸다. 내가 실수한 걸 친구들이 알아차릴까 봐 조금 창피했다. 하지만 아무도 눈치채지 못한 것 같았다. 모두들 후다닥 뛰어와 칭찬해 주었다.

"정말 멋있어. 너 정도 하려면 얼마나 걸려?"

역시 마음이 급한 하이요였다.

"꼬맹이! 너 이렇게 대단한 녀석이었니?"

덜룩 씨가 내 어깨를 툭 치며 장난스럽게 말했다.

"훌륭해! 난 그동안 귀를 이용해 날았는데 방법을 바꿔야겠어."

덤보가 귀를 활짝 폈다 접으며 말했다.

"할아버지가 말씀하셨던 거랑 똑같아."

민둥갈기도 감탄하며 나를 쳐다보았다.

"우아! 정말 대단해. 그런데 순록이 아닌 내가 할 수 있

을까?"

양양은 부러워하면서도 조금 자신 없는 목소리였다. 나는 양양에 대해 잘 모르지만 잘할 거라고 말해 주었다.

"당연히 잘할 거야. 게다가 넌 우리 순록과 아주 비슷하게 생겼잖아."

산타가 다시 우리를 일렬로 세우고 말했다.

"처음에 집중하는 게 아주 중요하단다. 보이지 않는 길을 찾아야 하니까. 그래서 앞으로 사흘간은 정신 집중 훈련을 하겠다."

우리는 산타의 지도에 따라 숨쉬기와 걷기, 발 구르기를 차례로 연습했다.

"정신 집중의 시작은 숨 쉬기란다. 엄청나게 빠른 속도로 꼬박 하루를 쉬지 않고 날아야 하기 때문에 잘못된 방

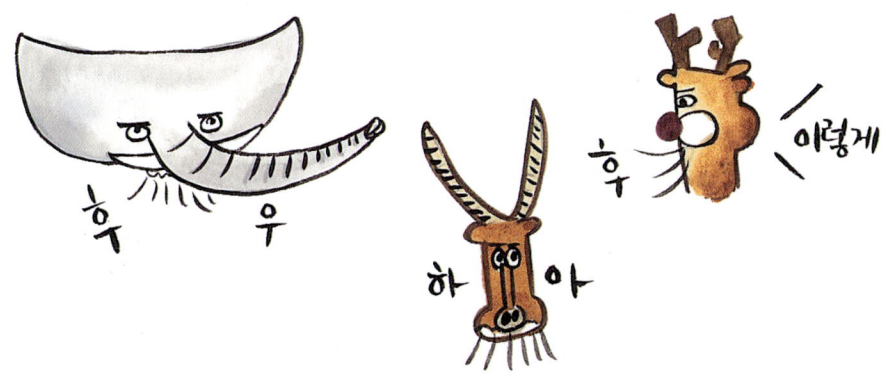

법으로 숨을 쉬면 빨리 지치게 된다. 숨을 쉴 땐 코와 입을 다 사용해도 된단다."

이건 내가 아주 잘 알고 있는 거다. 출발 전에 숨을 완전히 내뱉은 다음 천천히 두 번에 걸쳐 숨을 들이마신다. 그런 후 한 번에 길게 내쉰 후 잠깐 숨을 멈춘다. 이렇게 몇 번 되풀이하며 정신을 집중하면 하늘로 난 길이 보인다. 이때 그 위에 올라 달리기 시작하면 된다. 하늘을 달릴 때도 이 방법대로 리듬을 타듯 자연스럽게 숨을 쉬면 된다.

"자, 날 따라 하렴. 흐읍 들이마시고 후 내쉬고 흡 잠깐 멈추기. 다시 흐읍 들이마시고……."

모두들 산타의 구령에 맞춰 숨을 쉬었다.

"아주 잘하는구나. 매일 틈틈이 이렇게 숨쉬기 연습을

해야 한다."

둘째 날엔 걷기 훈련을 했다.

"오늘은 눈을 감고 걷는 연습을 할 거야. 이건 둘씩 짝을 지어 서로 확인해 주면서 해 보자. 한쪽이 눈을 감고 걸으면 다른 쪽이 선을 따라 잘 걷는지 살피고 부족한 점은 얘기해 주면서 연습하자. 모두가 통과해야 오늘 훈련이 끝난다."

우리는 일단 제비뽑기로 짝을 정했다. 나와 민둥갈기, 덜룩 씨와 덤보, 하이요와 양양이 짝이 되었다.

산타는 일직선을 따라 걷는 걸 완벽하게 하면 원을 그리며 걷는 연습을 하라고 했다.

"루돌프, 어떻게 하는 건지 보여 줄래?"

민둥갈기가 나한테 먼저 해 보라고 했다.

난 눈을 감고 마음속으로 곧게 뻗은 길을 상상하며 걸었다. 눈을 떴을 때 민둥갈기가 바로 코앞에서 놀란 얼굴로 날 쳐다보고 있었다. 난 조금 무안했다.

"조금도 비뚤어지지 않았어. 정말 대단해. 그럼 이번엔 내가 해 볼게."

민둥갈기가 눈을 감고 천천히 왼쪽 앞발을 뗐다. 그 후론 성큼성큼 걸었다. 스무 걸음 정도 걷고 민둥갈기가 눈을 뜨고 물었다.

"어때? 많이 뒤뚱거렸니?"

"아니, 한 열두 걸음쯤에서 몸이 기우뚱했는데 처음치고는 아주 잘했어. 조금만 연습하면 눈을 감고도 바르게 걸을 수 있을 것 같아."

민둥갈기는 처음 칭찬을 받는 것처럼 쑥스러워하며 앞발을 들어 콧등을 쓸어내렸다.

"우리도 빨리 쟤네들처럼 해 보자. 나부터 할게. 양양, 잘 봐 줘."

하이요가 나랑 민둥갈기가 하는 걸 보더니 서둘러 연습을 시작했다. 양양은 하이요가 한 발 한 발 디딜 때마다 옆에서 걸음을 살폈다.

"어때? 괜찮았어?"

하이요가 스무 걸음 정도 걷고 양양에게 물었다. 양양은 고개를 끄덕이며 괜찮다고 대답했다.

"그럼 이제 네가 해 봐."

하이요가 양양에게 길을 내어 주자 이번엔 양양이 눈을 감고 걸었다. 친구인 양양이 걷기 시작하자 민둥갈기의 눈길이 자연스레 양양 쪽으로 향했다. 나도 곁에 서서 함께 양양을 보았다.

그런데 양양은 두 걸음도 못 가서 몸이 휘청거렸다.

"어휴, 양양은 사실 예전에 사자한테 귀를 물어 뜯긴 뒤로 균형을 잘 못 잡아. 균형 잡는 게 하늘을 날 때 중요하니?"

민둥갈기가 조금 걱정하는 얼굴로 날 보며 물었다.

"꽤 중요해. 균형이 깨지면 집중력도 깨지거든. 그럼 양양은 어떡하지?"

"해낼 거야. 양양은 사자한테 물려 가도 끄떡없는 녀석이야. 내 형제들이 양양을 덮쳤을 때 양양은 포기하지 않고 일어나 달렸어. 그런 양양이 너무 멋있고 대단해 보여서 형제들을 따돌리고 양양을 구했지. 그때부터 우린 친구가 됐어. 난 양양을 믿어."

민둥갈기는 양양을 한 번 더 보고는 몸을 돌려 다시 연습을 시작했다.

그런데 잠시 후 하이요의 고함소리가 들렸다.

"양양!"

민둥갈기와 난 깜짝 놀라 얼른 하이요와 양양 쪽으로 뛰어갔다.

하이요는 뭐 때문에 화가 났는지 얼굴이 아주 시뻘게져 있었다. 양양의 얼굴도 좋지 않았다.

"양양! 왜 그렇게 계속 뒤뚱거려? 다른 팀들은 모두 원을 연습하는데 우린 아직도 일직선이잖아! 이렇게 하다

간 통과는커녕 쫓겨나고 말 거야!"

"하이요!"

민둥갈기와 내가 동시에 소리를 질렀다. 그러자 산타와 다른 친구들까지 다 달려왔다.

"무슨 일이니?"

산타가 깜짝 놀란 눈으로 우릴 보았다.

"산타, 저 짝꿍 바꿔 주세요. 아무리 연습해도 양양의 걸음이 나아지지 않아요. 양양은 그냥 그만두는 게 좋겠어요. 자기가 하고 싶어서 하는 것도 아니고 민둥갈기 따라서 그냥 하는 거잖아요."

하이요는 씩씩대며 민둥갈기를 힐긋 흘겨보았다.

민둥갈기도 하이요를 노려보았다. 둘 사이에서 양양은 고개를 푹 숙였다.

나는 힐금 산타를 보았다. 아니나 다를까 얼굴이 굳어 있었다. 잘하는 것보다 마음씨 좋은 게 먼저인데 하이요가 짜증 내고 소리를 질렀기 때문이다. 하지만 산타는 혼을 내는 대신 차분한 목소리로 말했다.

"하이요, 우린 다 함께 썰매를 끌 거야. 아무도 빠지지 않아. 시간이 좀 걸리더라도 꼭 함께 가야 한단다. 이게 산타 썰매의 절대 원칙이야. 짝을 바꿔 줄 테니 연습을 이어 하렴. 모두한테 미안한데 짝을 바꿔야겠다. 그리고 연습을 하루 더 연장한다."

 산타는 나랑 양양을 새 짝으로 정해 주고 하이요를 덜룩 씨와, 민둥갈기를 덤보와 짝이 되게 했다. 모두들 아무 말 없이 산타의 결정을 따랐다. 싫다는 말을 하기에는 분위기가 너무 안 좋았기 때문이다.

 "루돌프, 하이요 말이 맞지 않을까? 나 말이야, 제대로 균형도 못 잡는데 그만두는 게 모두에게 낫지 않을까?"

양양이 나랑 둘이서만 남게 되자 조심스레 물었다.

"민둥갈기가 그러는데 넌 포기하지 않을 거래. 아주 멋진 친구라고 했어."

난 뭐라고 대답해야 할지 몰라 슬쩍 말을 돌렸다. 그러자 양양이 빙그레 웃으며 또 물었다.

"흠, 하는 데까진 해 봐야지. 방법이 없을까?"

"방법? 글쎄…….."

난 어떻게든 양양이 빨리 잘할 수 있는 방법을 생각하려고 머리를 굴렸다. 그러다 양양이 자기소개를 할 때 수영을 잘한다고 한 말이 떠올랐다.

"아! 수영을 하면서 연습해 보면 어떨까? 사실 눈을 감고 잘 걷는 게 중요한 게 아니라 이 연습은 집중을 하는 게 중요해서 하는 거거든. 오늘은 늦었으니까 내일 같이 강으로 가자."

"좋아!"

우리는 남은 시간까지 눈을 감고 걷는 연습을 계속했다. 하지만 양양은 별로 나아지지 않았고 날이 저물수록 표정이 점점 어두워졌다.

양양은 훈련이 끝나고 잠자리에 들 때까지 단 한 마디

도 하지 않았다. 친구 민둥갈기에게도 말이다. 난 양양이 혹시 우리 몰래 떠나 버릴까 봐 걱정이 되어 잠까지 설쳤다. 간신히 잠들었을 땐 내내 괴물이 나오는 꿈을 꿨다.

다음 날 일찍 일어나 양양 자리에 가 보았더니 세상에나 양양이 보이지 않았다. 난 그 자리에서 당장 소리쳤다.

"산타, 양양이 사라졌어요!"

"뭐어? 양양이?"

모두 놀란 얼굴로 양양 자리로 달려왔다.

"자기 발로 나갔나 봐요. 그냥 우리끼리 연습해요. 그래야 빨리 나는 것도 배우죠."

하이요도 처음엔 놀란 듯하더니 금세 얼굴을 고치고 아무렇지 않게 말했다. 난 그런 하이요가 조금 마음에 안 들었다.

민둥갈기는 더 화가 난 것 같았다. 들어 보지 못한 목소리로 으르렁대는 것처럼 소리를 질렀다.

"하이요! 알지도 못하면서 함부로 말하지 마! 양양은 절대 포기하지 않아!"

갑자기 모두들 아무 말도 못하고 제자리에 얼어붙었다. 그러자 산타가 천천히 입을 열었다.

"흠, 모두 진정하렴. 양양은 어쩌면 강에 갔을지도 모르겠다. 어제 잠들기 전 나한테 와서 수영을 하면서 연습해도 집중력을 기를 수 있는지 물어보더구나. 난 충분히 가능할 거라고 했지."

"강이야! 강에 갔을 거야!"

내가 소리치자 민둥갈기가 달리기 시작했다. 나도 얼른 쫓아갔다.

"양양이야."

민둥갈기가 강 근처에서 걸음을 멈추고 워터벅 한 마리가 헤엄치는 모습을 보고 있었다. 양양이었다. 세찬 강물이 쉴 새 없이 아래로 흐르는데도 전혀 휩쓸리지 않고 정확히 반대편 강가까지 헤엄쳐 갔다.

민둥갈기는 양양을 물끄러미 바라보다가 말했다.

"루돌프, 돌아가자. 양양은 훈련을 시작하기 전

에 돌아올 거야."

　민둥갈기와 난 잠시 양양의 모습을 지켜본 뒤 더 이상 나아가지 않고 그냥 돌아왔다.

　민둥갈기 말대로 양양은 정확히 제시간에 돌아왔다. 그리고 눈을 감고 정확히 일직선으로 걸었고 원을 따라 걷는 것도 완벽하게 해냈다.

　"양양! 잘했어!"

　우리는 환호성을 지르며 양양을 축하했다. 그때 덜룩씨가 하이요를 양양 앞으로 툭 밀며 말했다.

　"양양, 하이요가 할 말이 있는 것 같다."

　하이요는 쭈뼛대다 우리가 계속 빤히 쳐다보자 그제야 입을 열었다.

　"양양, 미안해. 내가 성질이 너무 급해서 말이야."

　"괜찮아. 네가 야단하지 않았으면 정말 해내지 못했을지도 몰라."

　양양이 싱긋 웃었다.

　"하하. 오늘 예정대로 마지막 발 구르기 연습을 할 수

있겠구나. 집중하여 제자리에서 발을 구르면 엷은 공기층이 만들어질 거야. 그 위에 몸을 싣는 거야. 그럼 몸이 붕 뜬단다. 그때 눈앞으로 난 길에 올라서면 드디어 하늘을 달릴 수 있단다."

산타의 말이 끝나자마자 모두들 나란히 서서 발을 구르기 시작했다. 여기저기서 먼지가 풀풀 날렸다.

잠시 후 기쁨의 소리가 연달아 터져 나왔다.

"우아, 떴다!"

"세상에나! 하늘로 길이 뻗어 있어."

"바로 이거였군! 난다, 날아!"

두려움을 딛고 나의 자리를 찾아라

용기는 '씩씩하고 굳센 마음'이에요.
루돌프는 비행하다 할아버지를
잃은 뒤로 높은 곳이 두려웠어요.
루돌프가 용기를 찾을 수 있었던 건
누구 덕분일까요?

5. 높이 날고 제자리에 내리기

썰매 순록들이 썰매 일을 그만두었을 때 포기하지 않고 아프리카로 온 건 잘한 선택인 것 같다. 아프리카에서 만난 새 썰매 동물들은 정말 대단했다. 연습을 한 지 겨우 3주가 지났을 뿐인데, 모두들 나만큼은 날게 됐다. 덜룩 씨가 슬슬 놀릴 정도로 말이다.

"루돌프, 분발해야겠다. 내일은 내가 널 따라잡을 수도 있을 것 같아."

"그럼 좋지요. 모두 함께 잘 날아야 썰매를 끌 수 있으니까요."

나는 아무렇지 않은 척 덜룩 씨의 농담을 받아넘겼다.

하지만 속마음은 그게 아니었다.

그래도 내가 명색이 산타 순록 집안 후손인데 아프리카 동물들보다 못 난다고 소문이 나면 어떡하지? 그럼 하늘에 계신 할아버지가 슬퍼하실 거다. 난 혹시나 친구들에게 뒤처질까 봐 걱정이 됐다.

"모두들 아주 훌륭해. 저 바오밥나무 높이까지는 다들 잘 나는구나. 그럼 이제 그것보다 좀 더 높이, 그리고 멀리까지 나는 연습을 해 보자. 산타 썰매를 끌려면 적어도 독수리만큼은 날아야 한단다. 우리 마음에 두려움이 없어야 높이 날 수 있어. 자, 출발!"

산타의 구령이 떨어지자 모두들 나란히 서서 발을 구르기 시작했다. 잠시 후 차례로 붕 뜨더니 하늘을 향해 달려 나갔다. 나도 힘차게 발을 내디뎠다.

하지만 바오밥나무 키보다 두세 걸음 더 오르니까 눈앞이 아찔했다. 또 겁이 난 거다. 나는 발만 동동 구르다 다시 내려왔다.

"루돌프, 아직도 하늘이 겁나니?"

산타가 걱정스러운 얼굴로 물었다.

"네, 산타. 죄송해요. 이번엔 꼭 높이 날아야 하는데 또

실패하면 어떡하죠? 저 때문에 일이 어긋날까 봐 걱정이에요."

"루돌프, 마음의 짐을 내려놓으렴. 네 잘못이 아니야."

"무슨 잘못이요? 우리 착한 루돌프가!"

그때 덜룩 씨가 어디서 슥 나타나 산타와 나 사이로 끼어들었다.

"잘못은 무슨…… 난 덤보에게 가 봐야겠구나."

산타는 조금 당황하며 서둘러 자리를 떴다.

산타가 덤보에게 가는 걸 보고 난 천천히 고개를 돌려 덜룩 씨에게 사실을 털어놓았다.

"나 때문에 우리 할아버지가 돌아가셨어요."

나는 그날 있었던 일과 우리 할아버지 이야기를 덜룩

씨에게 찬찬히 이야기했다.

"우리 할아버지는요……."

내가 아주 어렸을 때 할아버지는 나한테 틈틈이 나는 걸 가르쳐 주셨다. 할아버지가 아주 잘 난다고 날마다 칭찬을 해 주셨다. 그래서 자신감이 생긴 어느 날 하늘 위로 비행기가 지나가는 걸 보고는 그만큼 날아 보고 싶어서 할아버지를 졸라 평소보다 높이 날기 시작했다. 물론 할아버지도 함께 날아 주셨다. 내 걱정이 되어서 말이다. 그런데 그만…….

"앞에서 비행기가 오는 걸 미처 못 봤어요. 할아버지가 몸을 날려 날 구하고 바닥으로 쿵 떨어지셨죠. 그날 그 사고 때문에……."

할아버지가 생각나서 난 더 이상 말을 잇지 못했다. 눈물이 나오려고 했다. 괜히 털어놓았나 하는 생각이 들었다.

"흠, 높이 날아오르려고 할 때마다 할아버지가 생각나는 모양이구나. 그런 일을 겪으면 누구나 두려움이 생기지. 죄책감이 들기도 하고 말이야. 에휴!"

덜룩 씨는 나를 아주 안쓰럽게 보며 깊은 한숨을 내쉬었다. 마치 자기도 이런 일을 겪었던 적이 있는 것처럼 말이다.

"덜룩 씨도 이런 적이 있어요?"

"나? 꼬맹이 너 눈치가 빠르네. 사실 나도 아주 오래전에 우리 가족을 표범 무리한테 한꺼번에 잃었어. 나랑 언니만 살아남았지. 다른 얼룩말 가족들이 물을 찾아 이동할 때 우리 가족은 떠나지 않았거든. 내가 가기 싫다고 떼를 써서 남게 된 거였어. 그 일로 오랫동안 바스락거리는 소리만 들어도 겁이 났지."

"지금은요?"

"지금은 뭐, 보다시피 이렇게 훌훌 털어 버렸지."

"어떻게요?"

"방랑자로 살다 보니 두려움은 그냥 내 마음속에 있는

거라는 걸 알게 됐어. 그리고 내가 잘못했지만 우리 가족은 내가 잘되기를 바라고 응원할 거란 걸 깨달았어. 이건 네 할아버지도 마찬가지일 거야."

덜룩 씨가 씩 웃었다.

나는 갑자기 마음속 깊숙이 숨어 있던 용기가 피어오르는 걸 느꼈다.

덜룩 씨 말이 맞다. 사실 할아버지는 내가 진짜 산타 썰매 순록이 되어 할아버지처럼 멋있게 썰매를 끌기를 바라셨다. 그래서 나는 법을 직접 가르쳐 주셨으니까. 돌아가시면서도 하늘에서 응원한다고 하셨다.

"루돌프, 나랑 같이 날아 볼래? 내가 보니까 처음 우리한테 시범을 보인 날보다 오늘 더 높이 난 것 같아. 저기 구름까지 날아 보자!"

"좋아요!"

난 덜룩 씨와 함께 구름을 향해 달리기 시작했다. 옆에 덜룩 씨가 있으니까 이상하게 마음이 편안했다. 꼭 할아버지가 함께 있는 것 같았다.

"우아, 루돌프랑 덜룩 씨가 엄청 높이 날고 있어."

저 멀리 초원에서 하이요가 소리 지르는 게 희미하게

들렸다. 덜룩 씨랑 나는 서로 얼굴을 돌려 마주 보며 싱긋 웃었다.

날이 저물 때쯤엔 모두들 바오밥나무 키의 두 배 높이만큼은 날게 되었다.

그중에서도 덜룩 씨는 정말 높이 날았다.

"방랑자여서 그래. 방랑자는 새처럼 어디든 자유롭게 돌아다니지."

덤보가 지나가다 덜룩 씨가 나는 걸 보며 말했다. 난 고개를 끄덕였다. 덤보 말이 맞는 것 같았다. 나도 방랑자처럼 자유롭게 날 수 있어야 할 텐데.

다음 날 산타는 그 어느 때보다도 밝은 얼굴로 우리를 둘러보았다. 난 산타가 무엇을 가르칠지 대충 알 것 같았다. 내가 잘하지 못하는 또 하나.

"모두들 금세 높이 날게 되어 정말 기쁘다. 그래서 오늘은 날기 수업의 마지막 과정을 익힐 거야. 바로 착륙하는 법이란다."

"아이 산타, 그냥 내리면 되는 거

아니에요? 착륙하는 것까지 따로 배워요?"

하이요가 아주 살짝 못마땅한 표정으로 물었다.

"아무 데나 내리면 안 되기 때문이란다. 함께 썰매를 끌기 때문에 각자 자기 자리에 내려야 한다. 안 그러면 대열이 흐트러져서 모두가 위험해질 수 있어. 특히 높은 데서 내려올 땐 도착 지점을 더욱 정확히 확인해야 해."

산타는 우리가 하늘로 날아오르기 전 저마다 어디에 내려야 할지 정해 주었다.

나는 조금 긴장이 됐지만 예전처럼 겁이 나지는 않았다. 높이 나는 걸 연습했을 때처럼 덜룩 씨랑 연습하면 또 잘할 수 있을 것 같았다.

"덜룩 씨, 이번에도 저랑 같이 연습해요."

"좋지!"

덜룩 씨는 흔쾌히 내 부탁을 들어주었다.

그런데 이번 연습은 덜룩 씨가 너무 어려워했다. 내가 다섯 걸음 정도 앞에 내렸다면 덜룩 씨는 열 걸음이나 앞, 뒤, 왼쪽, 오른쪽으로 더 멀리 아무 데나 내렸다.

"덜룩 씨, 오늘은 컨디션이 안 좋은 것 같아요. 어제 저 때문에 너무 많이 날아서 그런 거 아닐까요?"

"무슨 소리? 어제보다 더 높이 날고 있잖아. 컨디션은 아주 좋아. 다만 도착 지점이 아직 내 자리라는 생각이 안

들어서 그래."

"왜요?"

"모르겠어."

덜룩 씨는 자기가 하늘 높이 오른 뒤 내릴 곳을 가리켜 달라고 했다. 우리는 둘이서 이렇게 몇 번을 연습했다. 그 사이 난 점점 좋아졌는데 덜룩 씨는 나아지지 않았다.

"방랑 생활이 이번엔 오히려 방해가 되는 것 같군. 방랑자들은 원래 자기 자리란 게 없거든."

덤보가 잠시 쉬는 동안 나한테로 와 이렇게 말하고 갔다. 덤보는 전에 영국에서 살았다더니 아는 것도 참 많은 것 같다.

"루돌프, 방금 봤지? 아마 최고 높이를 또 갠 것 같아."

덜룩 씨가 여전히 열 걸음이나 멀리 내리고는 내게 달려와 흥분하며 말했다. 하지만 난 덜룩 씨를 마냥 칭찬해 줄 수만은 없었다.

"덜룩 씨, 덜룩 씨는 이제 우리 중에서 제일 높이 날아요. 그런데……."

"무슨 말을 하려는지 알아. 오늘은 여기까지!"

덜룩 씨는 내 입을 막으며 돌아섰다.

다음 날도 덜룩 씨는 제자리에 내리지 못했다. 그러자 모두들 덜룩 씨한테로 와서 한마디 했다. 덜룩 씨 빼고는 전부 다 자기 자리에 내릴 수 있게 되었기 때문이다.

"덜룩 씨 자리는 여기라고요!"

성질이 급한 하이요가 약간 짜증 투로 말했다.

"덜룩 씨, 이제 그만 방랑자 마음을 버려요."

덤보도 말을 더했다.

"덜룩 씨, 내릴 때 아예 도착 지점보다 더 뒤를 보세요. 그럼 그보다 앞쪽에 내리게 되지 않을까요?"

"아니면 훨씬 앞을 보는 건 어때요?"

평소 별 말이 없는 민둥갈기와 양양도 조언했다.

하지만 덜룩 씨는 우리가 말할 때마다 얼굴이 점점 굳어졌다. 그러다 갑자기 버럭 화를 냈다.

"제발 다들 그만해! 나도 최선을 다하고 있다고!"

우린 깜짝 놀라 얼른 입을 다물었다. 그러자 산타가 덜룩 씨에게 천천히 다가가 조용히 말했다.

"덜룩 씨, 잘하고 있소. 이 세상에 자기 자리가 없는 존재는 없다오. 다만 잠시 잃거나 어디 숨어 있는 거지. 나는 덜룩 씨가 곧 덜룩 씨 자리를 찾을 거라고 믿소."

산타 말을 들은 덜룩 씨의 눈이 반짝거렸다. 꼭 이슬이 맺힌 것처럼 말이다.

"잠깐 비행 좀 하고 올게요."

덜룩 씨는 훌쩍 날아올랐다. 그러더니 점점 더 높이, 그리고 멀리까지 날아갔다. 보이지 않을 때까지 말이다. 그러자 나는 혹시 덜룩 씨가 떠나 버린 게 아닌가 하고 걱정이 되기 시작했다. 정말 한 시간, 두 시간이 지나도 덜룩 씨는 돌아오지 않았다. 초원이 검은 그림자로 가득 메워질 때까지도 말이다.

"산타, 어떡하죠? 덜룩 씨는 다시 방랑을 떠나 버린 걸까요?"

"글쎄, 기다려 보자."

산타는 내 어깨를 쓰다듬으며 불안한 마음을 달래 주었다.

우리는 새벽까지 덜룩 씨를 기다리다 잠이 들었다.

아침이 되자 풀잎이 바스락거리는 소리와 함께 반가운 목소리가 들려왔다.

"얘들아, 오늘 훈련 안 하니?"

분명 덜룩 씨 목소리였다! 나는 눈을 번쩍 뜨고 덜룩 씨

를 찾았다.

"오, 덜룩 씨! 떠나 버렸을까 봐 얼마나 걱정했는데요. 흑흑."

덜룩 씨의 얼굴을 보자 나도 모르게 눈물이 났다.

"우리 루돌프가 이제 보니 울보구나. 내가 가긴 어딜 가? 여기가 내 자리인데!"

덜룩 씨가 산타를 보며 씩 웃었다.

"글쎄, 한참 날다 보니 새 떼 사이에 있는 거야. 새들이 또 날 무진장 좋아하더라고. 나보고 같이 있자는 거 있지? 이놈의 인기는 어디서나 식을 줄 몰라. 하지만 단호히 거절했지. 거긴 내 자리가 아니니까."

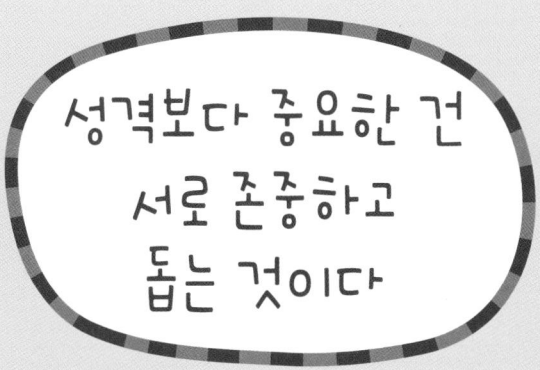

성격보다 중요한 건
서로 존중하고
돕는 것이다

우정은 '친구 사이의 도타운 정'이에요.
몸집이 큰 덤보를 날 수 있게 하는
힘은 은비와의 우정이에요.
힘들어하는 하이요를 달래는 힘도
덤보의 우정이지요.

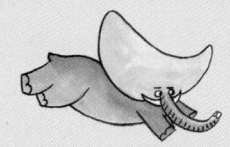

6. 킬리만자로산에서의 마지막 훈련

하늘을 나는 법을 완전히 터득한 우리들에게 마지막 남은 관문은 하나!

"역시 기대한 대로 모두 정말 훌륭하다. 이제 마지막으로 적응 훈련만 마치면 저기 저 썰매를 끌 수 있단다."

산타가 바오밥나무에 얌전히 묶여 있는 썰매를 가리켰다.

"우아, 빨리 끌고 싶어요."

썰매를 끄는 나를 상상하니 두근두근 마음이 설렜다.

"아휴, 저걸 꼭 끌어야 하는 거지?"

하이요가 내 귀에다 대고 투덜댔다.

"우리가 지금까지 고생한 이유가 바로 저거잖아."

"그래 알아. 산타가 날 받아 준 조건이었으니까."

하이요가 여전히 못마땅하다는 투로 말했다.

"적응 훈련은 킬리만자로산에서 한다."

"네에?"

모두 내가 보았던 것 중 최고로 눈을 크게 뜨고 깜짝 놀랐다.

"거긴 아주 높고 험해요. 게다가 꼭대기엔 눈이 잔뜩 쌓여 있단 말예요."

하이요가 이번엔 아주 큰 소리로 말했다. 높고 험한 산은 나도 처음이라 덩달아 걱정이 됐다.

"안단다, 하이요. 그래서 가는 거란다. 우린 한겨울에 썰매를 끌 거야. 아주 힘든 일이지. 그래서 추위와 고달픔에 적응하는 훈련이 필요해."

산타가 차분한 목소리로 설명했다. 그제야 하이요가 알겠다는 듯 고개를 끄덕였다. 하지만 진심으로 마음 내켜 하는 것 같진 않았다. 하이요는 출발할 때까지 내내 입을 비죽 내밀고 있었다.

"여기서부터 저 꼭대기까지 걸어 올라가야 한다. 셋씩

짝지어서 갈 거야. 루돌프, 하이요, 덤보가 한 팀이고, 덜룩 씨, 민둥갈기, 양양이 한 팀이다. 팀원들끼리 서로 도우며 즐겁게 간다면 큰 어려움은 없을 거야. 이번에도 모두 함께 와야 한다. 아주 힘들 땐 견디는 것도 힘이라는 걸 명심해라. 자, 출발!"

우리 팀은 왼쪽으로 난 길을 택했고 덜룩 씨 팀은 오른쪽으로 난 길을 택했다.

길이 시작되고 한동안은 아주 편했다. 여기저기 피어 있는 분홍빛 작은 꽃들과 계곡을 가르는 새소리, 물소리가 마치 우리를 환영해 마중 나온 것 같았다. 나는 절로 콧노래가 나왔다.

"울면 안 돼, 울면 안 돼, 룰루랄라랄라랄라랄라, 랄랄랄랄 랄랄랄랄 라."

"하하, 루돌프! 기분이 좋은 모양이구나!"

덤보가 긴 코를 휘휘 저으며 박자를 맞춰 줬다. 하지만 하이요는 여전히 기분이 나빠 보였다. 오히려 출발 전보다 더 날카로워졌다.

"조용히 좀 해 주겠니?"

갑자기 분위기가 얼음장처럼 차가워졌다.

"하이요, 왜 그래? 네가 그렇게 뚱해 있으니까 마음이 너무 불편해. 그러지 말고 기분 풀어."

난 하이요 눈치를 슬슬 살피며 최대한 다정히 말했다. 어쨌든 우린 한 팀이니까.

"내가 뭘? 그냥 좀 조용히 걷자고."

하이요도 그제야 자신이 너무 예민하게 굴었다는 걸 알아차렸는지 머쓱해했다.

울창한 숲을 지나니 잡풀이 무성한 땅이 나왔다. 그러자 덤보가 조금 들떠서 말했다.

"잘하면 기린 무리를 볼 수 있어."

"기린?"

"응. 목이 아주 긴 동물인데, 아주 순해. 아, 저기 온다."

난 덤보가 가리키는 쪽을 보았다. 세상에나! 덤보 말대로 목이 엄청 긴 동물들이 먼지를 풀풀 일으키며 걸어오고 있었다. 덤보는 그 무리를 보더니 냉큼 달려갔다. 그러자 잠시 후 그쪽에서도 한 기린이 폴짝 뛰어나왔다.

"와우! 덤보 너 맞지?"

그 기린이 덤보를 보더니 아주 반갑게 인사했다.

"킬리만자로에 오면 널 만날 수 있을지도 모른다고 기

대하긴 했지만 진짜 이렇게 만날 줄은 몰랐어."

덤보도 아주 활짝 웃으며 인사했다.

"우리 2년 만인가?"

"응. 잘 지냈니?"

"보시다시피. 운 좋게 저 무리에 들어갈 수 있었어. 대장이 마음이 아주 너그러워. 너는?"

덤보는 우리 쪽을 보며 빙긋 웃었다.

"얘기가 좀 길어. 나중에 다시 올게. 지금은 훈련 중이거든."

"정말 은비를 만나러 갈 거야?"

"아마도! 아무튼 나중에 봐!"

덤보는 서둘러 작별 인사를 나누고 우리한테 다시 돌아왔다.

"덤보, 훈련 중인 거 몰라? 왜 그렇게 멋대로야?"

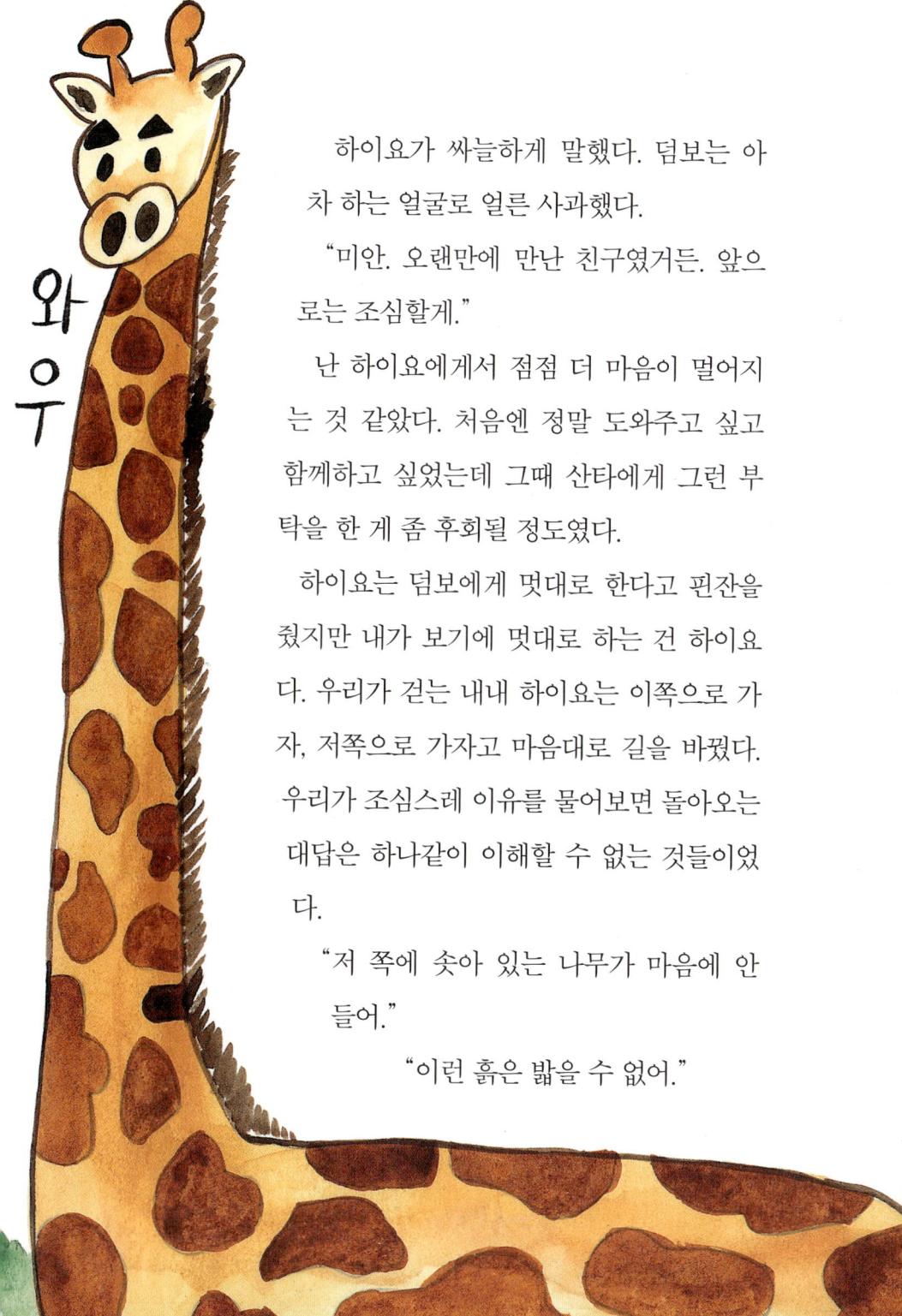

와우

하이요가 싸늘하게 말했다. 덤보는 아차 하는 얼굴로 얼른 사과했다.

"미안. 오랜만에 만난 친구였거든. 앞으로는 조심할게."

난 하이요에게서 점점 더 마음이 멀어지는 것 같았다. 처음엔 정말 도와주고 싶고 함께하고 싶었는데 그때 산타에게 그런 부탁을 한 게 좀 후회될 정도였다.

하이요는 덤보에게 멋대로 한다고 핀잔을 줬지만 내가 보기에 멋대로 하는 건 하이요다. 우리가 걷는 내내 하이요는 이쪽으로 가자, 저쪽으로 가자고 마음대로 길을 바꿨다. 우리가 조심스레 이유를 물어보면 돌아오는 대답은 하나같이 이해할 수 없는 것들이었다.

"저 쪽에 솟아 있는 나무가 마음에 안 들어."

"이런 흙은 밟을 수 없어."

"냄새가 고약해."

반대로 덤보는 결코 화를 내거나 소리를 높이는 법이 없었다. 하이요가 까탈스럽게 굴 때마다 아무 대꾸 없이 잠자코 다 따라 주었다. 난 종종 망설였지만 덤보가 따르니까 그냥 따르게 됐다.

"으악! 이번엔 사막이잖아! 난 더 이상 못 가!"

하이요가 드디어 폭발했다. 난 얼른 하이요를 진정시켜야 했다. 마음 같아서는 당장 그만두라고 말하고 싶었지만 할아버지랑 산타 말씀을 떠올리며 꾹꾹 참았다.

"하이요, 애써 잡은 기회를 놓을 셈이야?"

"그래. 조금만 더 가면 정상이야. 저기 우뚝 솟은 흰 봉우리가 보이잖아. 우리 같이 힘내자."

덤보도 옆에서 쩔쩔매며 하이요를 달랬다.

"도저히 못 견디겠어. 난 그냥 나는 것만 하고 싶었다고! 이런 것까지 할 줄은 몰랐단 말이야! 으앙!"

하이요가 자리에 털썩 주저앉으며 엉엉 울기 시작했다. 내가 하이요를 처음 본 그날처럼 말이다. 하지만 그날처럼 가엾게 느껴지진 않았다. 오히려 짜증이 났다. 그때 덤보가 나섰다.

"하이요, 나도 너처럼 나는 게 목적이었으면 그만두었을 거야. 넌 정말 잘 견디고 있어."

하이요가 훌쩍이다 말고 물끄러미 덤보를 올려다봤다. 나도 덤보를 향해 얼굴을 돌렸다.

"난 사실 너희들과 이렇게 함께하는 것만 해도 정말 꿈 같아. 아까 기린 봤지? 나랑 영국의 한 동물원에서 같이 있었어. 거긴 아프리카 동물들이 아주 많은 곳이야."

어느새 덤보가 하이요 곁에 앉아 이야기를 하기 시작했다. 나도 조용히 그 옆에 앉았다.

덤보랑 그 기린은 둘 다 아프리카에서 태어났는데 아주 새끼였을 때 동물원으로 가게 되었다

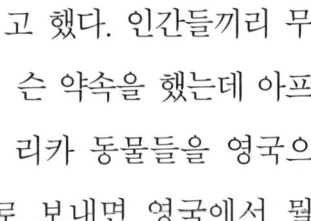

고 했다. 인간들끼리 무슨 약속을 했는데 아프리카 동물들을 영국으로 보내면 영국에서 뭘 주기로 했다나. 어째서 이런 거래가 이루어지는지 난 도무지 이해가 가지 않았지만 아무튼 그런 일들이 종종 있다고 한다.

"동물원 생활이 나쁘지는 않았어. 먹이도 제때 주고 안전했으니까. 하지만……."

덤보는 불쑥불쑥 답답함을 느꼈다고 한다. 맘껏 달리고 싶기도

하고, 높이 뛰어오르고 싶기도 해서 말이다.

"그러던 어느 날 은비라는 꼬마 아이를 만났어."

나중에 알고 보니 한국이라는 나라의 아이였다고 한다. 아빠가 영국에서 일하게 되어 1년 동안만 있는 거라고 했다.

"은비는 시간이 날 때마다 날 찾아와 아주 많은 이야기를 들려주었어. 그때 덤보라는 코끼리 이야기도 들려줬지. 덤보는 서커스 코끼리였는데 귀를 이용해 날았다지 뭐야. 은비는 나도 날 수 있게 해 달라고 날마다 기도한다고 했어. 훨훨 날아서 아프리카 가족에게로 돌아갈 수 있게 해 달라고 말이야."

덤보라는 이름도 그때 은비라는 꼬마가 지어 준 거라고 했다.

"그런데 정말 기적이 일어났어. 동물 보호 단체에서 아프리카 동물 돌려보내기 운동을 했는데 내가 거기에 뽑힌 거야. 아까 그 기린도. 은비가 그 소식을 듣고 바로 달려왔지. 우린 보자마자 펑펑 울었어. 기쁘기도 하고 너무 슬프기도 했으니까."

그때 일을 떠올리자 이번엔 덤보가 울컥했는지 목소리

가 점점 가늘게 떨렸다.
 "은비가 울면서 말했어. '덤보, 진짜로 훨훨 날 수 있게 되면 한국에도 꼭 와. 기다리고 있을게.' 흑흑."
 덤보가 흐느끼기 시작했다. 덤보는 정말 은비를 보러 가고 싶은 것 같았다. 덤보는 영국으로 가면서 가족이랑 헤어져 그 후부터 쭉 혼자였으니까. 그래서 아프리카로 돌아와 다시 은비를 만나기 위해 2년 동안 열심히 나는 연습을 했던 거였다. 얼마나 많이 엉덩방아를 찧고 발목이 삐었을까.
 우린 한동안 아무 말도 안 하고 그 자리에 가만 앉아 있기만 했다.
 시간이 얼마나 지났는지 어느새 덤보의 훌쩍거리는 소리가 거의 잦아들었다. 그러자 기다렸다는 듯이 하이요가

벌떡 일어서며 외쳤다.

"여기 하루 종일 이러고 있을 거야? 이러다 날 새겠어."

나랑 덤보는 깜짝 놀라 하이요를 쳐다보았다. 하이요의 입꼬리가 아주 슬쩍 올라갔다.

난 다시 하이요가 마음에 들었다. 그러고 보니 성격이 이상한 건 나인 것 같다. 똑같은 친구가 마음에 들었다가 안 들었다가 하는 걸 보면 말이다.

하이요는 좀 까탈스럽고 예민하긴 하지만 산타 썰매를 끄는 데는 아무 문제없다고 생각한다. 말은 거칠게 해도 어쩌면 속 마음씨가 고울지도 모르겠다. 내가 하이요의 눈물에 마음이 움직였던 것처럼 하이요도 덤보의 진심 어린 눈물에 마음이 움직였으니까. 착한 마음은 언제나 눈물을 지나치지 않는 법이다.

"여기만 지나면 정상이야. 사실 킬리만자로에는 전에 가족끼리 두 번 왔었는데 너무 힘들어서 매번 엄마한테 성질을 부렸거든. 그래서 훈련을 시작하기도 전부터 싫었던 거야. 이제부터 진짜 힘들 거야."

하이요 말대로 황무지 끝에서부터 정상까지는 모래 자갈길에다가 바람이 매섭게 몰아쳐 앞을 보기 힘들었다.

게다가 너무 지쳐서 그런지 속이 울렁거려 금방이라도 토할 것 같았다. 그럴 때마다 우린 서로 격려하는 걸 잊지 않았다.

"조금만 힘을 내자."

"그래, 산타가 견디는 것도 힘이라고 했으니까."

"자, 내 뒤에서 바짝 붙어 따라와."

덤보가 앞서 나가며 마지막 바람을 막아 주었다. 잠시 후 덤보가 우뚝 멈춰 서며 감탄사를 내뱉었다.

"우아!"

나랑 하이요도 얼른 덤보 뒤에서 나와 눈앞에 펼쳐진 진기한 광경을 황홀하게 바라보았다.

"정말 멋있다. 천국 같아."

"흠, 이건 볼 때마다 멋있긴 하네."

하늘 위로 끝도 없이 구름바다가 넘실대고 있었다. 땅은 온통 은빛으로 빛이 났다.

사실 오르는 동안은 혹시 이 길이 영원히 끝나지 않으면 어떡하지 하고 걱정했는데, 이렇게 다 오르고 나니 잃었던 모든 힘을 다시 되찾은 기분이었다.

"축하한다. 고생이 많았다."

구름 사이로 산타와 다른 친구들이 걸어 나왔다.

"우리가 좀 늦었죠? 죄송해요."

"아니, 딱 맞춰서 왔어. 함께 오는 시간이 제시간이란다."

산타는 고개를 절레절레 저으며 빙그레 웃었다.

산타의 말에 우리 셋은 서로 붉어진 눈을 맞추며 싱긋 웃었다.

돌아갈 땐 모두 함께 하늘을 날아올랐다. 덤보가 가뿐하게 산타를 태우고 날았다.

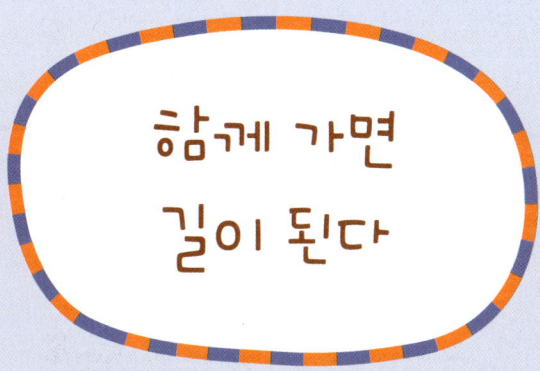

함께 가면 길이 된다

협동은 '마음과 힘을 하나로 합하는' 거예요.
산타 썰매는 혼자서 끌 수 없고,
한 명이 빠져서도 안 돼요.
모두가 힘을 합할 때
산타 썰매가 날 수 있답니다.

7. 썰매가 사라졌다

"헉, 산타아아아아!"

킬리만자로 산에서 내려와 제일 먼저 바오밥나무 앞으로 달려간 하이요가 있는 힘껏 고함을 질렀다. 우리도 땅에 내리자마자 얼른 하이요에게 달려갔다.

"헉, 썰매가!"

세상에나! 난 내 눈을 믿을 수 없었다. 썰매가 있던 자리가 텅 비어 있었다!

"산타! 썰매가 사라졌어요."

"허, 참 이런 일이……."

산타도 할 말을 잃은 것 같았다. 이제 산타 썰매를 끌고 핀란드로 돌아가기만 하면 되는데 이게 무슨 일이람?

"누군가 훔쳐 간 게 분명해요! 잡히기만 하면 그냥!"

하이요가 흥분하며 펄쩍펄쩍 뛰었다.

"이건 우연한 일이 아닌 것 같아요. 여기 좀 보세요."

덜룩 씨가 나무 밑동에 덜렁 남은 썰매 끈을 입으로 끌어 올려 모두에게 보여 주었다.

"잠시 생각을 좀 해 보자."

산타가 덜룩 씨에게 끈을 건네받고 찬찬히 살펴보았다. 날카로운 이빨에 물어뜯긴 흔적이 있었다. 끈이 갈기갈기 풀어져 있었다.

"설마!"

끈을 보던 하이요의 얼굴이 벌게졌다. 화가 난 것처럼 눈빛이 이글이글 불타올랐다. 하이요는 어금니를 꽉 깨물고는 신음하듯 산타에게 말했다.

"산타, 누가 그런 건지 알 것 같아요."

하이요는 어디로 간다는 말도 없이 갑자기 북쪽 하늘을 향해 훌쩍 날아올랐다.

"얘들아, 하이요가 무슨 오해를 하는 게 아닌지 모르겠구나. 우리도 얼른 따라가 보자."

아니나 다를까 하이요는 가족이 있는 곳으로 곧장 날아갔다. 우린 하이요를 처음 만났던 그 덤불 속에 몸을 숨기고 일단 일이 어떻게 돌아가는지 살피기로 했다.

잠시 후 하이요의 고함 소리가 들렸다.

"엄마랑 아빠가 한 게 맞죠?"

"다짜고짜 찾아와서 그게 무슨 소리야?"

"산타 썰매가 없어졌다고요!"

"그게 우리랑 무슨 상관인데?"

이번엔 하이요와 하이요 아빠가 말다툼을 하는 것 같았다.

"다 알고 있어요! 제가 연습하는 거 다 봤잖아요!"

"누가 봤다고 그래?"

"엄마가 몰래 와서 보고 가는 거 다 봤단 말이에요! 하늘 위에선 다 보이니까!"

"여보, 사실이오?"

잠시 대화가 끊겼다. 우린 혹시 진짜로 서로 물어뜯기라도 할까 봐 조마조마해서 귀를 더욱 쫑긋했다. 하지만 투닥거리는 소리는 들리지 않았다. 대신 다시 하이요의 날카로운 목소리가 들렸다.

"엄마가 그런다고 제가 포기할 것 같으세요?"

"하이요, 엄마는……."

이번엔 훌쩍거리는 소리가 들렸다. 하이요의 엄마가 우는 것 같았다. 그 사이로 하이요 아빠의 목소리가 다시 들렸다.

"당신 저런 녀석을 그래도 자식이라고 기다리다니, 너

당장 돌아가지 못해!"

"오늘 중으로 썰매를 제자리에 도로 갖다 놓지 않으면……."

"알겠다, 하이요. 돌아가 있으렴. 해가 떨어지기 전에 엄마가 꼭 찾아가지고 갈게."

하이요 엄마의 목소리가 매우 슬프게 느껴졌다. 난 하이요 엄마랑 썰매는 아무 상관이 없는 것 같았다. 산타 말씀대로 하이요가 뭔가 오해하는 게 아닐까?

우리가 다시 바오밥나무 아래로 돌아왔을 때 민둥갈기가 조심스레 말했다.

"하이요, 진정해. 엄마가 한 게 아닌 것 같아. 여길 봐."

민둥갈기는 코를 킁킁대며 바오밥나무 아래 듬성듬성 나 있는 작은 풀들을 헤쳤다. 민둥갈기가 고개를 들자 풀들 사이사이로 황금색 털들이 엉켜 있는 게 보였다.

"녀석들이야!"

양양이 깜짝 놀라 민둥갈기를 보았다. 민둥갈기도 고개를 끄덕였다.

"내 사자 형제들 짓이 틀림없어. 이번엔 물러서지 않을 거야. 모두 여기서 기다리고 있어."

민둥갈기가 혼자 가려고 하자 하이요가 가로막았다. 눈빛이 불안해 보였다.

"나도 같이 갈래. 무슨 일이 일어나고 있는 것 같아."

산타는 모두들 같이 가 보자고 했다. 정말 썰매가 거기 있다면 모두의 힘이 필요하니까.

우린 민둥갈기를 앞세우고 날아올랐다.

잠시 후 지난번 민둥갈기를 만났던 강가에 이르렀다. 민둥갈기는 천천히 내려 우리를 보며 말했다.

"산타랑 너희들은 여기 있는 게 좋겠어. 내 형제들은 정말 사나워. 그건 양양이 알 거야. 만약 무슨 일이 생겨도 이쪽으로 건너오지 못할 테니까. 하이요, 가자!"

"나도 함께 갈래!"

양양이 민둥갈기 쪽으로 한 걸음 나아갔다.

"내 귀를 이렇게 만든 녀석들에게 본때를 보여 주고 싶어."

"우리도 갈 거야. 썰매는 우리 모두에게 똑같이 소중한 거니까. 그렇죠, 산타?"

난 산타가 그렇게 하라고 말해 주길 잠시 기다렸다. 산타는 우리들 하나하나를 보며 생각에 잠겼다.

바로 그때 강 건너편에서 우당탕탕하는 소리가 들렸다. 그리고 곧 아주 높고 긴 비명소리가 이어졌다.

"으아아악!"

"엄마야! 엄마 소리가 틀림없어."

하이요는 말릴 새도 없이 날아올라 강 건너편으로 풀쩍 뛰어내렸다. 그러더니 소리가 나는 곳을 향해 냅다 달렸다.

민둥갈기와 양양도 바로 하이요의 뒤를 따라갔다. 나랑 덜룩 씨도 날아올랐다. 산타의 허락을 받을 상황이 아니었다. 산타도 얼른 덤보 등에 올라타고 함께 갔다.

"엄마!"

하이요가 울부짖는 소리가 하늘을 갈랐다. 아래를 보자 민둥갈기의 형제들 중 하나가 하이요 엄마의 목덜미를 물고 있는 게 보였다. 난 너무 충격을 받아 그 자리에서 붕 뜬 채로 꼼짝할 수도 없었다.

"저 녀석들이!"

이번엔 하이요를 뒤따라온 민둥갈기였다. 민둥갈기는 엄청나게 큰 소리로 으르렁대더니 하이요 엄마를 물고 있

는 사자를 향해 쏜살같이 달려갔다. 그러고는 냅다 그 녀석을 머리로 퍽 받아 버렸다.
"흐헉."
녀석의 몸이 용수철처럼 튀어 올랐다가 아래로 쿵 떨어졌다. 하이요는 쓰러진 엄마에게 달려갔다.
"엄마!"
"형제를 공격하다니! 민둥갈기, 드디어 본색을 드러내는군!"
주변에 있던 다른 사자들이 동시에 민둥갈기에게 달려들었다. 그러자 양양도 나아가 함께 싸웠다. 덜룩 씨도 그 안으로 뛰어들었고 덤보도 산타를 내려놓고 쾅쾅 발을 구르며 달려갔다.
나도 가만있을 수 없었다. 우린 한 팀이니까! 난 눈을

딱 감고 고함을 지르며 싸움판 한가운데로 뛰어내렸다.

"다 덤벼!"

그다음엔 무슨 일이 벌어졌는지 기억이 안 난다. 분명 누군가랑 세게 부딪혔는데 정신을 차리려고 하니 머리가 너무 아팠다.

"루돌프, 이제 정신이 드니?"

눈을 뜨니 덜룩 씨가 내 코앞에서 어른거렸다. 꼭 꿈을 꾸는 것 같았다.

"아까 너무 세게 부딪혔어. 덕분에 우리가 손쉽게 이기긴 했지만."

이번엔 덤보 목소리였다. 가물가물 민둥갈기

의 얼굴도 보였다. 민둥갈기가 입을 열었다.

"정말 용감했어."

난 겨우 정신을 차리고 몸을 일으켰다.

"으, 민둥갈기. 그 녀석들은 어떻게 됐어?"

"보다시피 저기 산타랑 있어."

난 친구들 사이로 고개를 쭉 내밀었다. 썰매 앞에서 산타가 사자들에게 무슨 얘기를 하고 있는 게 보였다. 사자들은 눈, 코, 입 등등에 시퍼런 멍이 든 채로 고개를 푹 숙이고 있었다.

"참, 하이요는? 하이요 엄마는?"

"상처가 너무 깊어서 집으로 갔어. 하이요 아빠가 와서 부축해 갔는데, 하이요도 같이 갔어. 우리도 이따 가 봐야지. 썰매 때문에 그런 일을 당하다니!"

알고 보니 민둥갈기 형제들이 민둥갈기와 양양에게 복수하려고 썰매를 훔친 거였다.

"치, 놀림 좀 받았다고 그런 식으로 복수하다니! 그럼 그동안 민둥갈기 놀린 건 어떻게 복수해 주면 되냐?"

양양이 씩씩대며 말했다. 그런 이유라면 나도 너무 황당했다.

"그런데 민둥갈기! 네가 갈기가 없어서 힘도 없을 줄 알았는데 아까 하이요 엄마를 구할 때 보니까 엄청 세더라. 역시 사자는 사자야."

덜룩 씨가 감탄하는 눈빛으로 말했다.

"뭘요."

민둥갈기가 멋쩍게 씩 웃었다.

"얘들아, 하이요 집으로 다 같이 가 보자."

산타가 돌아오자 우린 민둥갈기 형제들에게 잠시 썰매를 맡기고 하이요 집으로 향했다.

덜룩 씨가 하이요를 조용히 불러냈다.

"하이요, 어머니는 어떠시니?"

산타가 걱정 어린 목소리로 물었다.

"이제 정신을 좀 차리셨는데 회복이 되려면 며칠 걸릴 것 같아요."

하이요가 귀를 축 늘어뜨리며 힘없이 말했다.

"우리랑 같이 갈 수 있겠니?"

"산타, 죄송해요. 엄마가 저 때문에 썰매를 찾으러 갔다가…… 흑흑."

하이요 눈에서 눈물이 뚝뚝 떨어졌다. 나도 눈물이 나려고 했다. 하이요 마음이 어떤지 알 것 같았다.

"미안해하지 마라. 내가 더 미안하구나. 가족들이 반대하는 걸 알면서도 그냥 널 데리고 왔으니 말이다. 난 너희들을 만나고 이번 크리스마스야말로 모두를 위한 크리스마스가 되겠구나 하는 생각에 하루하루 기뻤단다. 모두 새로워지는 크리스마스 말이야. 오래전부터 어린이들뿐만 아니라 동물들도 행복하고 즐거운 크리스마스가 되기를 바랐거든."

그때 버스럭거리는 소리가 나더니 풀숲을 헤치고 하이요 엄마가 하이요 아빠의 부축을 받으며 나타났다.

"산타, 올해부터는 우리 가족에게도 더 특별한 크리스마스가 될 거예요."

"엄마!"

하이요가 엄마 품으로 달려갔다.

"하이요, 엄마가 전에 화내서 미안하다. 네가 나는 걸 보고 너무 기쁘고 자랑스러웠단다. 당장 달려가 널 안아 주고 싶었지만 네가 싫어할까 봐 멀리서 보기만 하고 돌아왔어. 산타와 친구들과 함께 떠나렴. 엄마도 네 덕분에 크리스마스가 기다려지는구나."

"엄마!"

하이요가 엄마 품속으로 더욱 파고들었다. 난 코끝이 찡했다. 모두 헛기침을 하며 쿨럭거렸다.

일주일 뒤 우리는 하이요 가족과 민둥갈기 형제들, 양양 무리

와 덜룩 씨 언니, 그리고 덤보의 기린 친구가 보는 앞에서 핀란드로 돌아갈 준비를 했다.

아프리카에 온 날은 밤이었는데 떠나는 날은 밝은 태양이 비치는 아침이었다. 난 기분이 아주 좋았다.

우리 여섯은 썰매 앞으로 가 각자 자기 자리에 섰다. 내가 맨 앞에 섰고, 그 뒤에 하이요와 양양, 마지막 줄에 민둥갈기와 덤보와 덜룩 씨가 섰다. 산타가 썰매 끈을 우리 어깨에 조심스레 하나씩 매어 주었다. 심장이 두근거렸다.

난 고개를 돌려 모두의 얼굴을 한번 훑어보았다. 그러고 보니 언젠가 이 장면을 봤던 게 떠올랐다. 그래, 아프리카에 온 첫날 꿈속에서 이렇게 여섯이서 썰매를 끌며 날고 있었지!

"자, 준비됐니? 함께 가면 그게 곧 길이 된단다. 스스로를 믿고 또 서로를 믿으렴."

산타가 마지막으로 우리를 격려했다. 그러고는 썰매에 올라타 모두에게 외쳤다.

"이제 출발하겠습니다. 크리스마스 선물 여행이 끝나면 다시 돌아올게요. 그때 이 바오밥나무 아래서 모두 함께

잔치를 열어요. 자, 그럼 출발!"

산타의 구령에 우리는 발을 굴렀고, 잠시 후 동시에 하늘로 붕 떠올랐다. 우리는 구름 뒤로 쭉 뻗은 하늘 길 위에 올라 함께 달리기 시작했다.

"잘 가요."

"조심해."

"무사히 돌아오세요."

"미리 메리 크리스마스예요!"

가족과 친구들의 응원 속에 우린 신나게 나아갔다. 이제 핀란드로 돌아가 크리스마스가 될 때까지 우린 계속 썰매 끄는 연습을 할 거고 산타는 선물을 만들기 시작할 거다. 물론 예쁘게 포장도 하고.

끝으로 미리 말해 두지만 이번 크리스마스에 혹시 하늘을 나는 갈기 없는 사자, 그 사자의 친구 워터벅, 귀를 펄럭거리는 코끼리, 줄무늬가 어지러운 얼룩말, 까탈스러운 하이에나, 그리고 처음 보는 순록과 선글라스를 낀 산타를 봐도 놀라지 말길!

이런 이야기예요

이 이야기는 산타와 루돌프가 크리스마스 선물 여행을 계속하기 위해 썰매를 끌 동물을 찾아 아프리카로 떠나면서 시작돼요. 꼭 해야 할 일을 위해서라면 고생하는 것도 마다하지 않는 산타와 꿈을 이루기 위해 열심히 노력하는 동물들 이야기지요. 나는 이 이야기를 통해 누구나 공평하게 꿈을 꿀 권리가 있고, 그 꿈을 함께 이루어 나가는 노력이 얼마나 아름다운지를 어린이들에게 전하고 싶었어요. 모두의 꿈이 존중받고 함께 아름답게 어우러지는 세상이 되기를 바란답니다.

- 글쓴이 강이비

생각이 커지는 생각

어쨌든 무조건 반드시 꼭
하늘을 날 거야

초판 1쇄 2018년 1월 10일 | 초판 2쇄 2020년 6월 30일

글쓴이 강이비 | 그린이 홍수진
펴낸이 김찬영 | 책임편집 백모란 | 편집 김지현 | 마케팅 김경민 | 펴낸곳 책속물고기
출판등록 제2009-000052호 | 주소 경기도 파주시 문발로 115, 2층 202호(문발동, 세종출판벤처타운)
전화 02-322-9239(영업) 02-322-9240(편집) | 팩스 02-322-9243
책속물고기 카페 http://cafe.naver.com/bookinfish | 전자메일 bookinfish@naver.com

ISBN 979-11-86670-79-8 73810

이 도서의 국립중앙도서관 출판예정도서목록(CIP)은 서지정보유통지원시스템 홈페이지(http://seoji.nl.go.kr)와 국가자료공동목록시스템(http://www.nl.go.kr/kolisnet)에서 이용하실 수 있습니다.(CIP제어번호: CIP2017015789)

품명	아동 도서	제조일	2020년 6월 30일
사용연령	8세 이상	제조자	책속물고기
제조국	대한민국	연락처	02-322-9239
주소	경기도 파주시 문발로 115, 2층 202호(문발동, 세종출판벤처타운)		
주의사항	종이에 베이거나 긁히지 않도록 조심하세요.		
	책 모서리가 날카로우니 던지거나 떨어뜨리지 마세요.		

KC마크는 이 제품이 공통안전기준에 적합하였음을 의미합니다.

*이 책의 내용을 쓰고자 할 때는 저작권자와 출판사 양측의 허락을 받아야 합니다.
*잘못된 책은 바꾸어 드립니다.
*값은 뒤표지에 있습니다.